나는 꼼수다

나는 꼼수다 - Episode 2 -

초판 1쇄 발행 2012년 4월 10일
초판 2쇄 발행 2012년 4월 16일

지은이 · 김어준, 정봉주, 주진우, 김용민
발행인 · 표완수
편집인 · 문정우

펴낸곳 · ㈜참언론 시사IN북
출판신고 · 2009년 4월 15일 제 300-2009-40호
주소 · 100-858 서울시 중구 충정로 27 가톨릭출판사빌딩 신관 3층
주문전화 · 02-3700-3256, 02-3700-3250(마케팅팀), 02-3700-3255(편집부)
주문팩스 · 02-3700-3209
전자우편 · book@sisain.kr
블로그 · book.sisain.co.kr

· 시사IN북은 시사주간지 〈시사IN〉에서 만든 출판 브랜드입니다.

· 잘못된 책은 바꾸어 드립니다.
· 책값은 뒤표지에 있습니다.

ISBN 978-89-94973-07-4 03300

나는꼼수다

세계 유일 가카 헌정 시사 소설집

Episode
2

— 김어준, 정봉주, 주진우, 김용민 지음 —

시사IN북
Book

일러두기

- 딴지 라디오 〈나는 꼼수다〉 19회부터 호외 3회까지의 내용을 꼼수별로 정리했다.
- 여러 편의 방송 분량을 취합한 경우 각 방송분 말미에 회차를 밝혔다.
- 단, 방송 언어와 문자 언어의 전달력 차이를 고려해 일부 문장을 수정했다.
- 독자의 이해를 돕기 위해 보충 설명이 필요한 경우 설명을 추가했다.
- 이명박 대통령의 호칭은 무한 존경의 충정을 헌정하기 위해 본문에서는 '각하'로 통일했다.
- 각하의 특수 관계인은 여사님(영부인), 형님, 누나(에리카 김) 등으로 호칭했다.
- 방송 중에 빈번히 등장하는 웃음소리는 특별한 경우가 아니면 반영하지 않았다.
- 웃음소리는 김어준 푸하하 / 정봉주 캴캴캴 / 주진우 수줍수줍 / 김용민 킬킬킬

ON AIR

머리말

보고 싶다, 봉주르

〈나는 꼼수다〉에는 묘한 매력이 있다고 한다. 〈조선일보〉 자유게시판에 〈나는 꼼수다〉를 듣지 말라는 글이 올라왔다. 듣다가 중독되면 빠져나올 수 없다고 했다. 그분은 〈조선일보〉를 진심으로 걱정하고 있었다.

〈나는 꼼수다〉가 정치를 희화화한다고 비판하는 사람들이 있다. 목사 아들이 출마하고 나서는 그런 목소리가 더 커졌다. 우리가 아무리 웃기려고 노력한들 현역 정치인을 따라잡겠는가. 그 심각한 상황에서 보온병을 들고 나오는 안상수를 누가 당할까. 단군 이래 이런 정치인은 없었다는 가카. 전지적 가카 시점과 유체이탈 화법은 정말 주옥 같다. 가카는 입만 뻥긋하면 모든 사안을 덮을 만한 핵폭탄급 웃음을 선사한다. 박근혜의 수첩은 또 어떤가? 어떻게 그렇게 단순한 어휘만 사용할 수 있을까. 이 분은 심각한 표정으로 웃긴다. 저 사람들을 이길 수 있을까? 불가능하다. 〈나는 꼼수다〉가 이보다 더 정치를 희화화하기는 불가능하다.

〈나는 꼼수다〉가 재미있는 것은 현실이 기막혀서다. 웃음보다 더 중요한 것은 진실이 가진 힘이다. 4인방이 진실을 좇는 과정은 집요하다. 디테일하고. 〈나는 꼼수다〉가 웃고 떠들고 조롱하면서 뱉는 비판이 사실과 거리가 있었다면 바로 막을 내렸을 것이다. 네 명은 모두 구속되고. 나꼼수에 대해 도올은 "이런 언론이야말로 정론이고 정통이고 주류라는 걸 내가 평생 쌓아온 학문 세계를 가지고 인증하고 싶다"라고 밝혔다.

〈나는 꼼수다〉의 수준이 좀 거시기하다고 한다. 그런데 배웠다는 사람들도 열심히 듣는다. 더 재미있어 하면서. 저쪽 분들도 많이 듣는다. 화를 내면서도, 교양이 없다면서도. 〈나는 꼼수다 에피소드 2〉가 나왔다. 한국 사회의 단면을 이해하는 참고서로 충분하다. 시사 상식을 기르는 교양서로도 훌륭하다. 봉주르가 있었으면 더 멋있게 말했을 텐데. 보고 싶다, 봉주르.

주진우

차례

주접 꼼수

최후의 정봉주

도올 직설

나라 말아먹기 꼼수

10·26 부정선거, 의혹과 진실

디도스 공격 때문이라고?

김어준 선관위 홈페이지 디도스 공격에 대해 이야기해보죠. 제가 자료 조사를 했는데, 이번에 디도스 공격과 함께 몇 가지 아주 이상한 사건이 연쇄적으로 일어났어요.

우선 투표소가 갑자기 바뀐 곳이 있었습니다. 선관위에서는 투표 안내문에 투표소가 바뀐 사실을 알렸다는데, 겨우 두 달 전 무상급식 주민투표 때와 투표소의 위치가 달라졌으리라고 생각한 사람이 몇이나 되었겠어요? 우편물 와봤자 자세히 안 들여다본다고. 그리고 20년 동안 늘 그 자리에서 투표를 했는데 왜 갑자기 바뀌냐고. 이게 첫 번째 이상한 일이고, 두 번째 이상한 일은 뭐냐면, 투표소가 바뀌면 사람들은 헤매게 된단 말이죠. 특히 아침 일찍 투표하고 출근해야 하는 젊은 직장인들은 선관위 홈페이지에 접속해서 투표소를 찾아야 하는데 아침에 접속이 안 됐어. 지난 무상급식 주민투표 때와는 다르게 출근 시간 조정해준 대기업이 한 곳도 없었습니다. 아침에 일찍 투표하고 출근해야 하는 직작인들은 불과 두 달 전에 자신이 투표했던 투표소로 찾아갔다가 허탕을 친 거예요. 그래서 스마트폰으로 투표소를 찾는데 선관위 홈페이지가 접속이 안 돼. 출근은 해야 하고…… 퇴근 때는 투표를 못하는 경우가 많단 말이에요. 퇴근 시간에 특별교육을 잡은 대기업도 있었어요. 이런 걸 엮어보자고요.

이것이 의심스러운 3단 콤보인데, 물론 투표소 위치를 왜 옮겼는지를 따져봐야 합니다. 20년 동안 같은 곳이었는데 왜 다른 데로 옮겼는지. 혹은 두 달 전에도 아무 문제 없이 투표를 했던 투표소를 왜 옮겼는지. 가장 이상한 건 뭐냐면 원순닷컴과 선관위 홈페이지가 다운됐는데, 언론은 모두 디도스 공격 때문이라고 했어요. 박원순 홈페이지는 디도스 공격 때문에 다운된 것이 맞습니다. 이건 저희가 원순닷컴의 로그파일을 받아서 전문가한테 의뢰해서 분석했어요.

주진우 북한입니까?

김어준 북한인지 아닌지는 판단할 수가 없어요. 새벽 1시 47분에 한 번, 그리고 5시 30분에 한 번 모두 두 번 공격을 받았어요. 그건 디도스 공격이 맞아요. 이건 페인트 모션으로 추정됩니다. 그러고 나서 선관위 홈페이지도 공격을 받았다고 했거든요. 그러나 선관위 홈페이지는 디도스 공격을 받은 게 아니에요. 아침 5시 50분, 대략 퉁쳐서 아침 6시부터 8시 반까지 홈페이지는 접속이 되는데 홈페이지에서 투표소를 찾기 위해 주소를 입력하는 DBdata base와의 연동이 끊

어진 거예요. 이건 디도스 공격이 아닙니다. 이건 일반적으로 접속이 폭주해서,

정봉주 그건 언론에 안 나왔는데?

김어준 이건 언론에 나온 게 아니라 제가 알아본 겁니다.

주진우 나꼼수에서만 들을 수 있는 디테일이죠.

김어준 접속이 많아지면 DB 연동이 끊어질 때가 있어요. 그런데 새벽 6시에 접속이 폭주해? 그리고 왜 8시 반까지만 끊어져? 희한해요. 6시부터 8시 반까지만 끊어졌어요. 그 후 복구가 됐어. 이건 누군가 의도적으로 투표소를 찾지 못하도록 DB 연동을 끊어서, 접속을 못하게 한 거라고 추정할 만한 정황이 됩니다. 만약에 누가 의도적으로 한 거라면 출근길 젊은 유권자들의 투표를 방해하기 위한 치밀한 작전의 일환일지도 모른다고 추정할 수 있어요. 사이버 수사대가 수사해야 합니다.

정봉주 디도스가 아닌 건 분명해요?

김어준 그건 확실합니다. 어떻게 알 수가 있느냐? 실제로 어떤 일이 일어났는지는 로그파일만 보면 됩니다. 선관위가 수사 의뢰하면 돼요. 그럼 로그파일을 열잖아요?

정봉주 로그파일이 뭔지 모르는 사람들을 위해서 한국말로 해줘요.

김어준 접속한 정보들을 기록해놓은 파일을 말해요. 로그파일만 열어보면 이게 해킹을 한 건지, 내부에서 무슨 짓을 한 건지, 아니면 다른 경로의 문제인지 그대로 나옵니다. 이 로그파일 절대로 못 지우게 해야 돼! 실수로 지웠다는 소리가 나오게 하면 안 돼! 누가 이 로그

파일을 지웠다면 그 사람이 범인입니다.

정봉주 그러면 범인 잡을 수 있겠네?

김어준 전문가가 로그파일만 열어보면 바로 알아요. 해킹을 당한 건지 북한이 한 건지 내부에서 한 건지.

정봉주 로그파일 지우는 게 자기가 범행 저지르고 자기 지문을 지우는 것과 똑같은 짓 아니에요?

김어준 그렇죠. 로그파일 열어봤다? 그럼 누구의 소행인지 나올 거 아닙니까? 그 사람한테 누가 시켜서 했느냐, 혼자서 했다면 왜 했느냐 따져봐야죠. 이건 엄청난 일이에요. 선거를 직접적으로 방해하려고 했잖아!

정봉주 선거는 민주주의 꽃이라고 하잖아요? 그러면 선거를 방해한 선관위는 민주주의의 쓰레기야?

- 이상 26회(2011년 10월 29일 방송)

디도스 공격이 아닌 이유를 알려주마

김어준 우리가 서울시장 보궐선거 다음날 20년간 이용한 투표소가 바뀌고, 불과 두 달 전 무상급식 주민투표 때 이용한 투표소가 바뀌는 등 이상한 변화가 있었고, 그래서 유권자들이 이른 아침에 투표소 찾으려고 선관위 홈페이지에 접속했는데 오전 5시 50분경부터 8시 반경까지 선관위 홈페이지 접속이 안 됐다고 했잖아요? 언론에서는 디도스 공격 때문이라고 보도했는데 저희가 조사해보니까 디도스 공격이 아니라 DB 연동을 끊은 것으로 추정된다고 주장하지 않았습니까?

김용민 자료로 접근하는 길을 막았다는 이야기죠?

김어준 그렇죠. 홈페이지는 접속이 되는데, 자기 주소를 쳐서 해당 투표소가 어디 있는지는 찾을 수 없었다는 거죠. DB 연동을 끊은 겁니다.

주진우 누군가가 그쪽으로 연결되는 길만 자른 거네요.

김어준 그렇죠. 결과적으로 바쁜 젊은 직장인들이 아침에 투표하는데 방해가 된 거죠.

주진우 실제로 그런 사례가 많았습니다.

김어준 그런 의혹이 있으니까 선관위 로그파일만 분석하면 답이 나온다고 방송했잖아요? 수사가 진행이 되긴 했어요. 경찰은 IP 100개를 넘겨받아 조사한 결과 그중에 좀비 PC 두 대가 있었다고 발표했어요. 이게 말이 안 되는 게 그 시간에 선관위에 접속했을 ID가 100개만 됐겠냐고.

정봉주 그렇지. 그때 투표소를 알아보려고 엄청나게 접속했겠지.

김어준 그중에 100개가 의심되는 IP라는 걸 어떻게 알아? 그것도 말이 안 되고, 그중에서 2개를 찾았는데 어떻게 좀비 PC 두 대로 공기관의 홈페이지를 다운시키냐고? 말이 안 되잖아? 그래서 정보 공개를 요청했어요. 이 방송이 나갈 때쯤이면 정보 공개 요청이 접수되었을 거예요. 로그파일을 보면 정확하게 알 수 있어요. 몇 시간 내에 분석할 수 있습니다. 2주나 걸릴 일이 아니에요.

김용민 로그파일은 온라인의 블랙박스 같은,

김어준 그렇지. 이걸 공개하지 않을 이유가 없는데 공개하지 않으면 그 자체로 수상한 거지. 그리고 최소한 10년 이상 투표소가 바뀌지 않은 곳 있잖아요? 바뀌지 않다가 이번에 갑자기 바뀐 곳, 이런 곳을 찾아서 전수조사해야 돼요. 아무도 전수조사를 안 하고 있거든요. 제가 보기엔 이 숫자가 적지 않아요.

주진우 이 부분에 대해서 짚고 넘어가야 합니다. 선거는 민주주의의 꽃인데 그 꽃을 짓밟으려고 했습니다.

김어준 이건 자유당 시절의 사사오입 부정선거보다 더 한 거야.

정봉주 행안위 민주당 소속 의원 누가 있는지 조사해봐요. 내가 바로 지시를 해야지 안 되겠어.

로그파일을 공개하지 못하는 이유는?

김어준 어떤 변명을 할지 예상할 수 있어요. 물론 제가 이렇게 말하면 변명을 바꾸겠지. 예를 들어 DB 연동을 시키다가 투표소가 많이 바뀌었기 때문에 DB를 놓쳤다거나 실수를 했다든가 뭐 이런 식의 변명을 할 수 있어요. 이건 제가 미리 말했으니 못하겠죠. 그밖에도 여러 가지를 생각해볼 수 있어요. 그러니까 로그파일만 달라는 거지. 그럼 명확하게 알 수 있다는 거예요. 우리가 추정하고 의혹을 가졌는데 만약 실제로 이런 일이 벌어진 거라면 이건 정말 나라가 발칵 뒤집힐 일이죠.

김용민 부정선거 아니야?

김어준 이 사건은 그냥 넘어가면 안 돼요. 명백하게 데이터가 남는 거거든요. 밝힐 수 있는 거예요.

주진우 경찰이 이런 식으로 수사를 해놓고 인정받으려고 하면 누가 지지해줍니까? 누가 '네, 잘못했습니다.' 이럽니까. '너나 똑바로 해' 하지.

김어준 경찰이 무슨 힘이 있어. 위에서 찍은 거지. 이 사건은 명백하게 밝힐 수 있는 거예요. 명백한 데이터가 존재하기 때문에 누가 공격해서 다운시킨 것인지, 내부에서 작업을 한 건지, 실수를 한 건지, 엉킨 건지 100퍼센트 확실하게 알 수 있어요. 그냥 넘어가면 안 돼.

정봉주 이건 놔두면 4·11 총선에서 유사한 사건이 일어날 수 있어요.

주진우 진짜 깨알같이 잔머리를 쓰네요. 꼼수가 따로 없어.

김용민 생각할수록 기발하네요. 어떻게 이런 생각을 했을까 싶어.

김어준 이런 생각만 하는 팀이 있다고 봐야지. 만약에 이게 사실이면,

정봉주 한나라당 안에, 민주화운동을 했다가 전향한 사람 중에서 전략적 기획력을 가진 친구 서너 명만 뭉치면 대한민국을 쥐고 흔들 수 있어요. 힘 있죠, 정보력 있죠. 이런 바탕에서 전략을 짜면 마치 게임을 하듯이 세상이 바뀌거든. 그런 데 재미를 붙인 거야.

김어준 로그파일을 공개하는 건 아무것도 아니거든요. 여태까지 좀비 PC를 통해서 공격받았다고 했잖아. 공격받은 건 다 나와요.

김용민 저도 정보 공개 청구를 한 적이 몇 번 있는데 '못 드리겠는데요.' 이렇게 나오는 경우도 있거든요?

김어준 그게 말이 안 된다는 거지. 공개하면 모든 의혹이 다 사라지는데 왜 공개를 못해? 극비가 아니잖아? 저쪽의 대응을 보고 그다음 우리가 어떻게 대응할 건지 작전이 이미 다 서 있어요. 로그파일 공개해야 돼. 공개하지 않을 이유가 없다는 거죠.

- 이상 28회(2011년 11월 12일 방송)

로그파일이 왜 국정원에 있나

김어준 선관위 로그파일 정보 공개를 요청했는데 예상대로 공개하지 않았어요.

정봉주 투표소 바뀐 것에 대해서 통계를 내겠다고 해서 '통계 내지 말라, 로우 데이터raw data를 그냥 달라'고 문방위 소속 전혜숙 의원이 요구해서 데이터 전체를 받았어요. 금천구 투표율이 낮았기 때문에 전혜숙 의원실에 금천구를 조사하라고 했고, 제가 과거에 데리고 있던 보좌관들에게 전체를 분석하라고, 그러니까 '두 가지 포인트를 조사하라'고 했는데, 그건 여기서 밝힐 게 아니고요.

김어준 그건 다음 주에 발표합니다.

정봉주 전혜숙 의원이 '로그파일을 달라'고 요청했어요. 선관위는 "로그파일 자료는 국정원이 갖고 있습니다. 우리는 없습니다"라고 답했어요. 이거 거짓말이거든요.

김어준 로그파일은 서버에 있는 건데 그게 왜 국정원에 있어? 로그파일을 왜 국정원이 관리해?

정봉주 지금 피하는 거죠. 우리가 추정하는 대로 가게 되면 이건 국정조사감이거든요. 엄청난 일이죠.

김어준 우리가 선거 다음날 이 이야기를 했어요. 그리고 지금 4주째예요. 로그파일 분석은 몇 시간이면 되거든요.

정봉주 김 총수도 로그파일 정보 공개 신청했잖아요?

김어준 당연히 못 받았죠. 선거 당일 오전에 선관위 홈페이지 디도스 공격 기사가 났거든요. 그리고 투표소 바뀐 기사가 각각 났는데, 제가 이런 촉이 열라 발달했어요. 보자마자 이상해서 원순닷컴의 로그파일은 분석했는데 디도스가 맞아. 두 번 공격했어. 그런데 선관위 홈페이지는 일반적인 디도스 공격과 양상이 달랐다고요. 디도스 공격은 길어봐야 10~15분 정도 하는 거예요. 선관위 홈페이지 접속이 안 된 건 6시부터 8시 반까지 2시간 반 동안이라고. 게다가 다른 페이지는 작동이 됐어.

정봉주 김 총수가 보기에 그 DB 연동을 막아놓은 거예요? 아니면 제3의 장소로 날아가게 한 거예요?

김어준 이건 DB 연동 에러로 판단된다고 첫 번째 언급할 때 말했잖아요? 로그파일만 분석하면 나오거든요. 로그파일을 보면 몇 시부터 몇 시까지 연동이 끊어졌는지, 언제 다시 연동을 했는지, DB 연동이 끊긴 원인이 접속 폭주로 인한 장애인지, 외부 해킹에 의한 것인지, 단순한 실수인지, 의도적으로 끊었는지 그게 100퍼센트 확실하게 나와요.

정봉주 로그파일을 조작할 가능성은 없나요?

김어준 만약에 접속 폭주, 외부 해킹, 단순 실수면 조작할 이유가 없죠. 이렇게 해서 안 된 거라고 보여주면 되니까.

정봉주 지금 안 주고 있는 건 의혹의 여지가 있다는 거네.

김어준 접속 폭주, 이런 건 어쩔 수 없는 거잖아. 외부 해킹도 어쩔 수 없는 거라고. 단순 실수도 어쩔 수 없는 거야. 의도적으로 그걸 끊었다는 상황만 제외하면 공개하지 못할 이유가 없다는 거죠. 일부러 끊었을 리는 없다고 생각하는데, 만약에 의도적으로 누가 그걸 끊었다면 선거를 관리하는 선관위가 선거를 방해하고 개입한 사건이 되는 거예요. 엄청난 사건이 되는 겁니다.

정봉주 로그파일 주면서 이렇게 말할 것 같아요. '담당 실무자가 DB를 입력하다가 실수했다.'

김어준 그런 식의 변명이 가능하죠. 그래서 우리가 로그파일을 빨리 내놓으라고 하는 건데, 이 사건은 심증이 아니라 100퍼센트 확실한 물증으로 확인할 수 있어요.

정봉주 조작을 해도 로그파일에 다 남는다는 거죠?

김어준 만약 로그파일을 바꾼다면 그 사실을 알 수 있느냐? 이건 쉽진 않지만 서버를 다 뒤져봐야 해요. 그럼 서버에 이벤트 로그라든가 흔적들이 남거든요.

정봉주 이건 국정조사감이에요.

김어준 작은 파일 하나만 공개하면 모든 게 끝난다니까.

- 이상 29회(2011년 11월 22일 방송)

투표소 25.8퍼센트가 바뀌다

김어준 지난번에 예고했던 대로 서울시장 보궐선거 투표소 변경 현황을 정리했어요. 의원님이 조사하셨죠?

정봉주 최영희 의원실이 조사했습니다. 서울에는 2천218개의 투표소가 있습니다. 2010년 6월 2일 지방선거와 비교해서 8월 23일 무상급식 주민투표 때 456곳, 즉 20.6퍼센트가 바뀌었습니다. 그리고 불과 63일 만에 치른 서울시장 보궐선거에서 332곳이 바뀝니다. 게다가 무상급식 주민투표 때 바뀐 곳의 15퍼센트도 다시 바뀝니다. 주민투표 때 투표소가 바뀌어 헤맸던 사람이 보궐선거 때 또 투표소가 바뀌어 헤맨 겁니다. 그러니까 10월 26일 재보궐선거 투표소 가운데 무려 572곳이 6월 2일 지방선거 때와 다릅니다. 25.8퍼센트가 바뀐 겁니다. 서대문구는 48.1퍼센트로 79개 중에 38개가 바뀌었습니다.

김어준 2010년 6·2 지방선거를 기준으로 해서 이번 재보궐선거에서 얼마나 바뀌었는가를 따져본 거죠.

주진우 금천구도 많이 바뀌었네요.

정봉주 금천구도 58곳 중 24곳, 43.1퍼센트가 바뀌었습니다.

주진우 재미있는 점은 강남구는 23곳, 19.8퍼센트만 바뀌었어요.

정봉주 가장 조금 바뀐 곳은 마포구로 11.8퍼센트, 노원구는 제가 지키고 있어서 그런지 18.5퍼센트만 바뀌었어요. 바뀐 비율이 낮은 수준에 속해요. 그래서 노원구는 투표율이 3위예요.

김어준 상관관계가 있네요.

투표소 많이 바뀐 지역 투표율 낮아

정봉주 투표소가 바뀐 비율과 그 지역의 투표율이 어떤지 상관관계를 조사해야 해요. 8·23 주민투표 때 투표소가 바뀌었는데 이번에 또 바뀐 거예요. 금천구는 바뀐 비율이 높아서 그런지 투표율이 떨어졌습니다.

김어준 43퍼센트나 바뀌면 투표율에 영향을 미치지 않을 수 없죠. 또 이렇게 많이 바뀌면 아침에 일찍 출근하는 20~30대 직장인들은 투표소를 못 찾아 투표를 못할 수 있어요.

정봉주 광진구, 동대문구, 성북구, 동작구, 구로구 등 30퍼센트 넘게 바뀐 지역을 주의 깊게 볼 필요가 있습니다. 이곳은 야권 지지율이 높고 서민 직장인이 집중적으로 몰려 사는 곳이에요.

김어준 의미 있는 수치가 나왔는데, 이 지역에 20~30대가 얼마나 사는지 조사해봐야 하고요.

정봉주 서울에는 30대가 170만 명으로 가장 많습니다. 20대가 150만 명, 40대가 150만 명 정도 됩니다. 20~40대가 유권자의 절반이 훨씬 넘는 거죠. 그분들이 대부분 직장인이고, 20~30대 직장인은 아침에 일찍 출근할 수밖에 없는 시간적 압박을 받는 사람들이거든요. 이것이 우연인지 아닌지 투표율 조사하고, 김 총수가 조사하려고 했던 로그파일 분석하면,

김어준 둘 사이에 상관관계가 있을 거라고 추정했던 건데…….

정봉주 사실에 거의 접근하고 있습니다.

주진우 로그파일은 어디까지 갔어요?

김어준 로그파일 아직도 공개 안 하고 있어요. 로그파일을 주느냐 안 주느냐로 고민을 많이 하고 있을 거예요. 사실 이 방송을 듣고 많은 곳에서 로그파일 공개하라고 요청했어요. 물론 선관위는 모두 거절했죠. 이런 추정을 해봅니다. 문제가 없었다면 당연히 공개를 했어야 하는데, 문제가 있으니까 공개를 안 한다고 말이죠. 그럴 리 없길 바라지만 문제가 있었다면 이런 짓을 했을 수도 있어요. 디도스 공격을 받았다고 했는데, 디도스는 좀비 PC를 통해서 엄청나게 많은 접속이 이루어져야 해요. 디도스 때문에 DB 연동이 끊겼다면 접속했던 IP들이 있어야 해요. 그래서 로그파일에 IP를 삽입하는 작업을 했을 수도 있어요. 우리한텐 원본 파일이 없으니까요.

김용민 조작을 했다?

김어준 만약에 누군가 작업을 했다면 그것은 밝혀낼 수 있습니다. 원본 파일이 없어도 로그파일에 손을 댔느냐 안 댔느냐를 전문가들이 가려낼 수 있기 때문에 못 내놓고 있는 것이라고 추정을 합니다.

정봉주 수능 자료 공개 때를 상기해보면, 국가 정보와 관련해서는 원자료를 공개하지 않을 법적 근거가 늘 있어요. 이를 이용해 원자료를 공개할 수 없다고 할 수 있어요.

김어준 예를 들어서 스트럭처structure를 공개한다든지.

정봉주 그렇죠. 그러면서 이렇게 말할 수 있어요. '원자료 말고 충분히 원자료를 추정할 수 있는 1차 가공된 자료를 정리해서 공개하겠다.' 즉 원자료에서 중요한 로그파일을 가리고 어느 정도까지만 공개하겠다며 1차 가공할 때 손을 보거나 장난을 칠 수 있는 거예요. 제가 보기엔 원자료를 1차 가공해서 줄 가능성이 있습니다. 그럼 우리는 원자료를 제공받을 수 있는 법적 근거를 가지고 원자료를 공개하라고 해야겠죠.

김어준 원자료 공개 안 하려고 할 거예요. 하려고 했으면 벌써 했죠.

"원자료 공개하고 우리를 잡아가라"

주진우 우리가 근거 없는 주장을 하는 거라면 원자료를 공개하고 우리를 잡아가세요.

김어준 만약에 일반 기자들을 상대로 했다면 일부를 공개했을지 몰라요. 하지만 IP를 삽입하는 식은 우리에게 통하지 않거든. 그래서 공개를 못해. 선거 끝난 지가 언젠데 아직도 안 나와?

정봉주 투표소 바뀐 것과 선관위 불통이 가진 의미를 김 총수가 한번 정리해줘요.

김어준 투표소를 너무 많이 바꿨고, 바꿔야 하는 투표소 이상을 바꾼 게 아니냐는 의혹이 있죠. 투표소가 바뀌면 아침에 일찍 출근해야 하는 직장인들이 당연히 선관위 홈페이지에 접속해서 자기가 투표할 장소를 파악해야 하는데 하필이면 아침 6시부터 8시 반까지 서버가 죽었어요. 정확하게 말하면 자기 주소를 확인할 수 있는 DB와의 연결이 끊어졌죠. 이것이 어쩔 수 없는 사고였냐, 아니면 누군가의 의도적인 조작이었냐, 이에 대해 계속 의혹을 제기하면서 로그파일 공개를 요구했는데, 1차적으로 투표소 현황을 조사했더니 상당수가 변경된 데다, 투표율과 투표소 변경 건수가 상관관계가 있는 것으로 보이고, 그렇다면 로그파일 조사를 통해 실제로 누군가 DB 연결을 의도적으로 끊은 것이 입증되면 '엄청난 인물'의 개입이 있었다고 추정할 수 있는 거죠.

정봉주 실제로 조작의 흔적이 있다면 이건 선거 방해예요. 18대 국회에서 가장 엄청난 사건이 벌어진 거죠.

김어준 이렇게 엄청난 일인데 우리의 이야기를 받아서 보도한 언론이 없어요. 우리의 이야기를 이런 식으로 생각하는 것 같아요. '그냥 투표소가 조금 바뀌고 서버가 다운된 정도인데, 또 괴담을 만들어내는 거 아닌가'.

정봉주 나도 그 정도로 생각했으니까.

주진우 선관위는 이런 조직이에요. 가령 언론사, 특히 비판적인 언론사가 선거와 관련해 말 한 마디만 하면 공보관이 전화해서 문제가 있다고 주의나 경고를 내립니다. 박원순 서울시장이 후보 시절에 티타임에 참석해 무슨 이야기라도 할라치면 선관위 직원이 와서 "선거법 위반입니다"라며 주의를 주곤 했습니다. 저희가 말하는 것은 이런 구조적인 틀을 뒤흔든 사건입니다.

김어준 실제로 선관위 전체가 이런 일에 동원되거나 개입됐을 리는 없겠죠. 하지만 DB 연결에 문제가 발생했다면 DB 연결에 접근할 수 있는 극소수만 개입해도 이런 일이 일어날 수 있거든요. 그런데 이것은 로그파일이라고 하는 단순한 파일만 공개하면 모든 게 끝나는 사건이에요. 해결할 수 있어요.

- 이상 30회(2011년 11월 26일 방송)

DB 연동을 끊은 자는 누구?

김어준 선관위 문제는 사실 순수하게 합리적 추론에 의해서 시작한 거예요. 당일 아침에 이런 기사가 났단 말이에요.

'새벽 1시, 5시에 원순닷컴을 디도스 공격하고, 6시~8시 반 사이에 선관위 홈페이지를 디도스 공격했다.'

저는 이 기사를 보자마자 이상하다고 생각했어요. 왜 이상하다고 생각했냐면, 디도스는 기술적으로는 단순합니다. 좀비 PC 잡아서 사이트를 과도하게 접속하도록 만들면 되는 거예요. 단순하지만 품은 많이 들어요. 좀비 PC를 확보하려면 시간이 많이 들고, 작업을 대행시키려면 돈이 많이 듭니다. 그렇게 품을 많이 들였는데 새벽 1시와 5시에 박원순 홈피를 공격해서 무슨 피해를 줄 수 있겠어요? 아무런 피해를 줄 수가 없어. 박원순 홈피가 새벽 1시와 5시에 다운된다고 해서 선거에 어떤 영향을 줄 수 있는 게 아니잖아요. 그때 '박원순 홈피를 디도스 공격하는 것이 목적이 아니다'라는 생각이 들었죠. 그리고 한나라당 비서관이 선거를 방해할 목적으로 그것도 단독으로 디도스 공격을 했다는데, 그 사람의 말을 100퍼센트 믿는다고 해도 새벽에 박원순 홈피를 디도스 공격해서 어떻게 선거를 방해해? 이건 앞뒤가 안 맞아. 박원순 홈피를 공격한 것 자체가 트릭이라

디도스의 성격을 가진 공격이 선관위 홈피에도 가해졌지만 LG엔시스 방어 시스템이 방어를 했어요. 그러니까 DB 연동이 끊어진 것은 디도스 공격 때문이 아니라는 거죠. 그럼 남은 가능성은 두 개 중 하나죠. 외부에서 해킹해서 끊었거나 내부에서 누군가가 끊었거나.

는 잠정 결론을 가지고 거꾸로 진짜 목적은 뭘까 생각하게 된 거죠.

그 시점에 투표소가 대거 변경됐다는 기사가 나왔어요. 보자마자 연결 고리가 있다고 직감을 한 거죠. 젊은 직장인들이 출근 시간에 자기 투표소를 확인하지 못하게 하려는 것이구나. 그래서 박원순 홈피 디도스 공격이라는 페인트 모션을 넣고, 선관위 디도스 공격을 두 번째 페인트 모션으로 넣어 모두들 '디도스 공격이 일어났구나'라고 생각하게 만들었지만, 사실은 투표소 주소를 찾는 DB 연동을 끊었다고 판단했죠. 당시에 트위터나 게시판에 '홈피는 접속이 되는데 주소 확인을 하려니까 안 된다'는 글이 많이 올라왔어요. 게다가 최근에 LG엔시스의 방어 시스템이 정상 작동을 해서 홈페이지가 죽지 않았다는 게 확인이 됐어요. 이건 조작할 수 없죠. 그쪽 방어 시스템 로그가 있다고요. 그걸 보면 다 나온다는 거죠.

주진우 중국산 신종 변종 디도스 공격이라는 경찰 주장이 신빙성이 떨어지는 거죠.

김어준 이것은 디도스냐 아니냐가 핵심이 아니에요. 주소를 찾는 DB

의 작동을 막은 게 무엇이냐, 이게 핵심이에요. 디도스의 성격을 가진 공격이 선관위 홈피에도 가해졌지만 LG엔시스 방어 시스템이 방어를 했어요. 그러니까 DB 연동이 끊어진 것은 디도스 공격 때문이 아니라는 거죠. 그럼 남은 가능성은 두 개 중 하나죠. 외부에서 해킹해서 끊었거나 내부에서 누군가가 끊었거나.

주진우 누군가가 문을 열어줬거나.

김어준 저는 후자일 가능성이 매우 높다고 생각해요.

김용민 내부 소행이다?

김어준 내부의 누군가가 그랬을 확률이 높다고 생각하는 이유는 일단 디도스 공격으로 DB 연동이 끊겼을 가능성은 없어요.

김용민 디도스와는 무관하다?

김어준 이미 LG엔시스 방어 시스템이 작동했다고 나왔고, 결과적으로 사이트 전체가 죽지 않았다고요. 그 외에 여러 가지 공격 방법이 있지만 당일 벌어진 현상과 맞지 않아요. 그럼 남는 것은 해킹해서 끊었거나 내부에서 DB 연동을 끊었거나예요. 내부에서 DB 연동을 끊는 것은 쉬워요. 그랬을 가능성이 매우 높다고 보는 이유는 전체 정황을 보면 이 일을 한 사람들이 들킬 걸 전혀 예상 못했어요.

주진우 그렇죠. 경찰이나 검찰에서 조사를 할 것이라고는 아무도 예상치 못했습니다. 디도스 공격을 했다고 손들고 나온 사람들도 전혀 예상하지 못했습니다. 그래서 계좌를 통해서 돈을 주고받습니다. 수사 결과를 발표하기 전 조현오 경찰청장실에서 내용을 수정했다고 민주당에서 주장했습니다. 조현오 경찰청장이 수사 결과를 발표하기 전에 홍준표 한나라당 전 대표하고 계속 통화했습니다. 통화한 건 제가 확인했습니다. 본인이 직접 회의석상에서 이야기하기도 했습니다.

우발적으로 저지른 단독범행이라니

김어준 일을 벌인 사람들이 들킬 걸 예상 못했어. 그렇기 때문에 가장 간단한 방법을 택했을 가능성이 높아. 간단한 방법은 내부에서 끊는 거야. 해킹은 누군가 오래 준비해야 하고 흔적도 지워야 하고 굉장히 어려운 작업이거든.

정봉주 우리가 디도스 공격이 아닐 것이라고 주장하면서 사건이 터진 지 한 달이 넘도록 정부는 무엇을 했느냐고 문제를 제기했죠? 이 사건을 크게 봐야 하는데, 당일 이미 사건을 파악하고 청와대에 보고했다는 거 아닙니까? 이 보고 내용이 임태희 비서실장에게 올라갔을 것이라는 언론 보도가 있었잖아요. 이제 밝혀지는 거예요. 그때 만약에 우리가 문제 제기 안 했으면 덮어질 사건이었죠?

주진우 당연합니다.

정봉주 그리고 이걸 공아무개 비서(최구식 한나라당 의원실)가 한 거냐, 아니면 누구의 지시를 받아서 한 거냐가 중요하죠. 공씨가 투표소 바뀌는 것을 알았습니까? 선관위 직원들조차 몰랐습니다. 왜냐하면 선관위의 협조를 얻어서 구청장이 투표소를 바꾸는 것이기 때문에 투표소가 이렇게 대거 바뀐다는 것은 헤드쿼터에서, 정보를 취합하는 곳에서만 알고 있었을 거예요.

주진우 선관위나 그 이상이죠.

정봉주 투표소가 많이 바뀐다는 사실을 안다는 건 고급 정보를 안다는 얘기죠.

김어준 범인들이 술 마시다가 우발적으로 했다는 게 말이 안 되죠. 그리고 그들은 고급 정보를 알 수 없는 급수야.

정봉주 공 비서는 이렇게 투표소가 많이 바뀌리라는 걸 알 수 없었죠. 선관위 고급 관료들도 모르고 각 구청도 투표소가 25퍼센트나 바뀐다는 사실을 몰랐던 거예요. 한 전문가가 민주당에 이런 얘기를 했어요. 1차 공격을 받았을 때 이미 KT나 국정원 또는 선관위가 디도스 공격이었음을 알 수 있었다는 거예요. 선관위는 국가 기관 아니에요? 디도스 공격이 들어온 걸 알았으면 국가 기관의 다음 프로세스는 '국가 사이버 안전지대 그린 존'으로 옮기는 거라고 해요. 그런데 옮기지 않았기 때문에 6시에 다시 공격을 받은 겁니다. 그럼 왜 국가 안전지대로 옮기지 않았느냐?

김어준 사람들이 헷갈릴 수가 있어요. 우리가 한 달 내내 '디도스가 아니다'라고 했던 것의 핵심은 뭐냐면, 디도스 성격의 공격이 아예 없었다는 게 아니라, 디도스 공격은 어디까지나 페인트 모션이고 DB 연동이 끊긴 진짜 원인은 디도스 공격이 아니라고 주장하고 추정하는 거죠. 실제 원인으로 남는 것은 해킹과 내부 작업밖에 없는데, 전체 상황을 분석하면 들킬 걸 전혀 예상하지 못했던 것으로 보이고, 내부에서 DB 연동을 끊는 아주 단순한 방법으로 해결했을 가능성이 상당히 높다. 그렇다면 남는 문제는 그걸 누가 시켰는가.

주진우 선관위, 검찰, 경찰을 다 아우를 수 있는 그런 힘이 보이지 않게,

김어준 이게 술 마시다가 우발적으로 단독으로 할 수 없는 게, 그 짧은 시간에 좀비 PC를 모으는 것도 불가능에 가깝고, 새벽에 켜져 있는 좀비 PC를 다량 확보하는 것도 쉽지 않아요.

정봉주 처음엔 200대라고 했다가 문제를 제기하니까 1천500대라고…….

김어준 더욱이 범인들이 직접적으로 얻는 혜택이 없잖아요. 하다못해 나경원의 보좌관도 아닌데 술 마시다가 우발적으로? 여당 의원의 비서가 서울시장 선거를 관리하는 서버를 공격하는 결정을 해? 단독으로? 이건 말이 안 되는 거죠. 남는 문제는 두 가지밖에 없다고 봐요. 누가 사주했느냐와 그 윗선이 누구냐.

육사 생도 주소 이전 미스터리

정봉주 이것과 별건인데 충분히 연결됐을 것으로 추론되는 일을 하나 말씀드릴게요. 육사 생도들이 줄 서서 투표했다고 했잖아요?

주진우 직접 나가보셨다고 했죠.

정봉주 육사 출신의 현직 군인이 제보를 했어요. 육사 생도들은 기본적으로 부재자 투표를 한답니다. 왜냐하면 육사에 머무르는 시간이 별로 없고 대부분 돌아다니면서 훈련을 한대요. 그럼 어디에 있을

지 모르니까 머무르는 지역에 가서 투표를 하는 겁니다. 육사 생도들이 공릉동에서 투표한 건 자기가 알기로는 처음이라는 거예요.

김어준 육사 생도들이 공릉동으로 주소를 옮기고 투표한 거예요?

정봉주 10월 26일 재보궐선거 전에 육사 생도들에게 공릉동으로 주소를 옮기라는 지시가 내려왔답니다. 어마어마한 사건이에요.

김어준 다 연결되어 있네.

정봉주 '이상하다. 육사 생도들은 기본적으로 부재자 투표를 하는데 왜 옮기라고 했냐' 했더니 노원구에서 육사를 자꾸 이전하라고 하니까 육사가 노원구에 있다는 소속감을 보여주기 위해서 주소를 노원구 공릉동으로 옮기라고 한 거래요.

김어준 전례가 없어요?

정봉주 현역 소령이 제보한 건데, 자기가 기억하기로는 두 번째랍니다. 육사 생도가 800명밖에 안 돼요. 그리고 노원구에 소속감을 보여줘? 소속감을 보여주면 육사는 이전 안 하나? 육사 이전 문제는 정책적 차원 아니에요? 아무 상관없는 문제죠. 800명이 다 나경원을 찍습니까? 박원순 찍는 사람도 있을 거 아니에요? 자기들이 가져가는 표가 150표에서 200표 정도 될까 말까 해요.

김어준 육사 생도들이 조금 보수적일 거라고 생각한다 하더라도,

정봉주 육사 생도의 주소를 옮기라는 지시를 참모총장이 합니까? 교장이 합니까? 그 위에 더 큰 제3의 힘이 있었던 거죠.

주진우 참 꼼꼼하네요.

김어준 선거가 박빙일 거라고 예상한 거예요.

처음엔 북한이라고 했잖아요.

정봉주 육사 생도 주소 이전과 선관위 홈피 DB 연동 끊기를 연출한 기획팀이 있을 수 있습니다.

김어준 그 팀을 어떻게 찾아내느냐? 해커를 찾아내든가 아니면 내부에서 DB 연동을 끊을 수 있는 사람을 찾아보는 거예요. 지시를 받을 수 있는 사람을 따라 올라가다 보면 지시를 내린 사람을 만나게 될 거예요. 우리한테 계속 괴담을 유포한다고 했는데 진실이 드러나지 않았습니까?

정봉주 돈 문제 드러났죠? 사건 당일 다 알고 있었으면서 한 달이나 묵혀두고 있었죠?

김어준 우리가 액수도 맞혔어요. 1억 원이라고 이야기했죠.

주진우 훨씬 많은데 우리가 최소 1억 원 든다고 하니까.

정봉주 그러니까 1억 원이라고 한 것 같아.

주진우 오세훈 때랑 비슷해지는 것 같아요.

김어준 저쪽에서 걱정한 것도 이해가 되는 것이, 오세훈과 한명숙의 대결에서 영점 몇 퍼센트 차이로 갈렸어요.

정봉주 그래서 누군가 기획을 했으리라 보는 거죠.

김어준 포괄하는 사람이 작전을 짰다니까요. 사실 검찰이 정말로 찾으려고 마음먹으면 지시를 내린 사람을 얼마든지 찾을 수 있어요.

그럼 한나라당이 북한에 소속되어 있는 당이야?

주진우 대한민국, 민주주의, 모든 기반을 망가트린 사건입니다. 그것도 정부 여당이.

김어준 여당이 국가 기관을 공격하는 게 말이 되나? 국가 기관을 공격했다면 북한이라고 해야 하잖아?

주진우 처음엔 북한이라고 했잖아요.

정봉주 그럼 한나라당이 북한에 소속되어 있는 당이야?

'범인=북한'으로 몰고 가지 못한 까닭

김어준 농협 사건도 북한으로 몰고 갔거든요. 그런데 시나리오가 준비되지 않았던 거예요. 왜냐하면 이건 들킬 줄 몰랐다니까요. 북한으로 몰 준비가 안 되어 있었어. 디도스 공격한 사람 잡는 것이 쉽지 않은데 경찰이 금방 잡아냈어요.

정봉주 경찰에 박수를 보내줘야 해요.

김어준 경찰에 박수를 보내줘야 하는 건 맞아요. 경찰이 실수한 부분은 디도스 공격이냐 아니냐에 너무 집중한 거야.

주진우 수사한 것을 다 까지 않고 가지고 있거나 아니면,

김어준 내가 보기엔 조현오 총장 선에서 축소를,

정봉주 실무자들은 열심히 했어요. 우리가 추론하고 있는 이런 내용을 그쪽에 되물었어요. '디도스 공격으로 다운된 거라고 보냐?' 그랬더니 병목 현상 때문에 다 막혀서 전체 접속이 안 됐다고 하는 거 아니에요? 그게 앞뒤가 안 맞아. 그럼 안에서 끊었을 가능성에 대해서는 어떻게 생각하느냐고 물었더니 그 부분에 대해서는 답변을 못 해요.

김어준 이 분들이 웹로그만 분석했어요. 전체적으로 검사하려면 다른 로그도 받아야 하거든요. 라우터 로그라는 것도 있고 DB 로그도 있고, 많은 로그가 있어서 전체를 묶어서 한 번에 조작한다는 건 매우 어려운 일이에요. 그런데 웹로그만 받아 조사를 한 거예요. 조사 결과를 보면 짧은 기간에 특정 로그만 받았어. 한계 내에서 수사를 해서 이런 결과가 나온 거야. 신속하게 수사한 건 칭찬할 만한 일인데, 수사 내용을 모두 발표했어야지. 결국 검찰이 터트려버렸잖아요.

주진우 경찰이 수사를 잘해놓고 마지막 발표에서 완전히 망가졌습니다.

김어준 조현오 청장 때문이야. 청와대에서 지시가 내려왔어도 조현오 청장이 막았어야지. 경찰이 한 달 전에 다 잡아놓고…… 또다시 경찰 고위층의 판단 미스지.

정봉주 총선 때 또 이런 일이 생길 위험도 있어요.

김어준 안 들킬 줄 알고 이렇게까지 했는데 총선과 대선 전에 명백하게 밝혀내야 해요.

- 이상 32회(2011년 12월 18일 방송)

한미 FTA는 재앙이다

"너는 한 명의 젊은 소년을 보고 있어"

김어준 각하가 미국을 다녀오셨어요. 미 의회에서 연설도 했습니다. 여기에서 각하 방식이 나왔어요. 아는 사람은 다 알아요.

정봉주 저렴해도 참 저렴해. 난 나보다 저렴한 사람은 처음 봤어.

김어준 이건 우리 기자가 아니라 〈워싱턴 포스트〉의 펠리샤 손메즈라는 기자가 자기 블로그에 쓴 거예요. 각하가 미국 의회에 갔는데 좌석이 많이 빈 거야. 안 온 거야. 미 의원 좌석을 보면 여섯 줄입니다. 한 줄마다 대략 70명씩 앉아요. 미 의원 보좌관이랑 인턴들이랑 대리 출석을 했어요. 그럼에도 불구하고 두 줄이 빈 거야. 그래서 어떻게 채웠느냐? 주한미국대사관에 있는 분들하고 같이 간 수행원들, 장관, 대표단 이런 사람들이 줄을 메웠어요. 대리 출석.

정봉주 진짜 창피해 죽겠어.

김어준 보수 언론이 '각하께서 45차례 박수를 받았다. 오바마 정부 출범 이래 상하원 합동 연설이 총 5회였는데, 그중에서 이스라엘 총리가 26번으로 최다였다. 각하는 그 두 배다. 45번이다'라고 난리를 쳤어요.

주진우 듣기 싫으면 박수 쳐서 빨리 끝내려는 경우가 있잖아요.

정봉주 문제는 뭐냐면, 각하가 진짜 무식한 짓을 한 거예요. 미국은 하원이든 상원이든 대통령이 오면 특별한 경우를 제외하고는 모든 연설을 자기 방에서 TV로 봅니다. 미국은 자기 방에서 보는 게 관례화되어 있고, 투표할 때만 나와요. 의석이 비어 있는 게 정상이에요.

김어준 우리 각하는 우리나라 TV에 나오는 게 중요하니까. 자리가 비면 '가오'가 안 서잖아.

주진우 그게 아닐지도 몰라요. 각하께서 미국에서 선거 운동을 해서 미국 대통령 선거에 나가려고 생각하는 게 아닐까요. 우리나라하고 캄보디아하고 통상협정을 맺었다고 해봅시다. 협정 발효를 앞두고 캄보디아 총리가 우리나라 국회에 왔다고 생각해보십시오. '석유 준다.' 그럼 박수 쳐야죠. '그 앞에 있는 땅 준다.' 그러면 박수 쳐야겠죠. 미국 의원들이 박수를 칠 만한 일을 하지 않았겠습니까.

김어준 이번에 미 역사상 최단 시간에 한미 FTA가 상·하원을 통과했어요. 미국이 자기들이 불리한 걸 왜 최단 시간에 통과시켜? 워낙 유리하니까 그랬지.

그외에도 웃긴 이야기가 또 있어요. 한국전쟁에 참전한 의원들하고 악수를 했어요. 악수를 할 때 각하께서 영어로 인사를 했는데 영어가 기록에 남아 있습니다. "you are still young." 그리고 두 번째가 핵심이야. "you look a young boy." like가 빠졌어.

정봉주 넌 젊은 소년을 보고 있어.

김어준 너는 한 명의 젊은 소년을 보고 있어. 이 사람아.

정봉주 그럴 때도 전치사가 있어야 해. 'you look at' 해야 돼.

김어준 you look a young boy는 듣도 보도 못한 문법이야.

각하는 오바마의 선거 운동원

김용민 각하가 디트로이트 GM 자동차 공장에 가서 이렇게 말했죠. "여러분들의 고용은 유지될 것입니다." 무슨 한국 대통령이 미국 사람들 고용을 걱정해요.

주진우 미국 대선에 나가실 것 같아요.

김어준 거기에 왜 갔는지 제가 알아요. 미시간 주에 GM 자동차가 있잖아요. 오바마가 재선에 도전하거든. 미국은 선거를 주 단위로 먹는단 말이죠. 미시간 주는 2008년 선거에서 오바마가 이긴 곳이에요. 지금 공화당 차기 대선 후보로 유력한 이가 미트 롬니 전 매사추세츠 주지사인데, 이 사람이 미시간 주 출신이에요. 현재 오바마와 공화당 후보가 미시간 주를 놓고 경쟁 중인 거야. 미시간 주는 미국에서 자동차 산업이 탄생한 곳이잖아. 오바마가 우리 각하를 데리고 선거 운동을 한 거야. 우리 각하는 오바마의 선거 운동원이야. 각하가 정확하게 이렇게 말했어요. "미국 자동차 산업을 어떻게 부활

쌍용자동차 해고 노동자 17명이 죽었는데 미국 가서 '미국 자동차 회사는 해고 안 하고 일자리 늘려주겠다'고? 우리나라 대통령이 뭐 이래.

시킬 것인지 오바마와 내가 의논해왔다." 그러고 나서 한 말이 "여러분의 일자리를 빼앗지 않고 여러분의 일자리를 만들 것이다." '한미 FTA가 사실은 미국에게 유리하게 된 것이다. 내가 한국 대통령을 여기 데리고 와서 여러분의 일자리에 대해 이야기하게 할 정도로 협상에서 유리하게 만들었다'라는 오바마의 메시지를 노동자들에게 전하는 데 각하가 이용된 거지.

주진우 미국 열라 좋아하세요.

정봉주 이상득 의원이 그랬잖아. '뼛속까지 친미'라고.

김어준 쌍용자동차 해고 노동자 17명이 죽었는데 미국 가서 '미국 자동차 회사는 해고 안 하고 일자리 늘려주겠다'고? 우리나라 대통령이 뭐 이래.

김용민 우리나라 노동자는 왜 안 챙겨?

김어준 이게 다 FTA 통과시키러 간 거거든요. 미국 역사상 최단 시간에 만장일치로 통과됐어요. 미국에게 얼마나 유리하면 최단 시간에 만장일치로 통과를 시켰겠냐고. 이걸 서울시장 선거 이틀 후인 10월 28일에 국회에서 비준하려고 시도하고 있습니다. 각하 집권 이후에 미국하고 재협상을 했어요. 노무현 정부 시절의 FTA가 아니에요. 내용이 달라졌어요. 그런데 우리가 그 내용을 아직 잘 몰라. 그런데 당장 통과시키려고 해. 너무 의심스러워.

주진우 아무튼 가슴을 가졌으면 분노해야 하는 한미 FTA입니다.

– 이상 24회(2011년 10월 19일 방송)

각하, 미국에서 재선에 도전하시게요?

김어준 우리 각하 얘기를 짧게 하나 해야 할 텐데요. 우리 각하가 미국 상공회의소 연설문을 4만 6천 달러나 주고 미국 업체한테 맡겨 작성한 사실이 밝혀져서 난리가 났어요. 이게 말이 안 되는 게 오바마가 우리나라에서 연설하는데 우리나라 업체에서 연설문을 써줬다고 생각해봐. 말이 되나? 오바마가 프랑스에 가서 연설하는데 프랑스 업체가 연설문을 써줬다고 생각해봐. 이게 망신이거든.

김용민 옛날에 TV 드라마 있었잖아요? 미국 대통령과 관련해서.

김어준 〈웨스트 윙WEST WING〉.

김용민 웨스트 윙 라이터스WEST WING WRITERS라는 회사한테 맡겼습니다. 우리도 하나 만들자고요, 버팔로 윙. (킬킬킬)

정봉주 그러니까 5천만 원이 든 거죠?

김어준 그런 원고를 들고 미국 상공회의소에 가서 어떻게 우리나라 이익을 대변해? 말이 안 되잖아. 청와대 변명이 더 웃겨. 이게 관례래. 김대중 대통령은 연설문을 본인이 직접 작성한 걸로 유명하거든요. 노무현 대통령도 연설문 써주면 자기가 직접 다 고치고.

주진우 한미 FTA 때문에 간 거 아닙니까? 한국의 이익을 위해서 치열

하게 미국과 교섭해야 하는 자리에 간 건데,

김어준 그런데 미국 업체에서 써준 원고로,

주진우 분명히 재선은 미국에서 도전하실 것 같다는…….

김용민 국적을 바꿔가지고?

주진우 네.

김어준 한나라당 의원 25명이 각하한테 서한을 보냈어요. 사과하시고, 747 포기 선언하시고, 권위주의 청산하시라고. 구성찬, 김성식, 정태근 이런 양반들이 주도했고, 남경필, 원희룡 이런 양반들이 서명했는데, 여기에 각하가 대답하셨지. '침묵이 내 대답이다.' 각하 스타일이 바뀌셨어. 예전에는 툭하면 '오해다'였거든. 그래서 우리나라가 섬이 됐잖아. 서해, 남해, 동해, 오해. 이제 묵비권을 행사하셔. 내가 보기엔 미리 연습하는 거야. 우리가 계속 예견했던 각하의 퇴임 이후 안전 보장 욕망, 그리고 한나라당의 총선 이후 생명 연장 욕망이 충돌하는 거예요. 각하와 한나라당이 엿 주고받기를 시작한 거예요. 그래서 쇄신파가 서한 보내고 각하는 당장 한미 FTA 통과시키려고 하고. 그런데 만약 직권상정하면 본회의장에서 야당 의원 끌어내고 TV에 중계될 거 아니에요? 그래서 한미 FTA를 밀어붙이지 못하는 거예요.

정봉주 내곡동 사저 사과도 있어요. 한나라당과 청와대는 '백지화됐다'고 하지만 아직 팔지 않았잖아요. 백지화된 거 아니거든요. 그 부분에 대해서 사과하지도 않았고, 어떻게 된 건지 정확히 밝히지 않았어요. 사과하라는 내용이 있죠? 제가 모르는 척하면서 물어봤죠.

저게 대체 무슨 뜻이냐. 왜 이 시기에 저게 나오느냐고 했더니,

김용민 누구한테 물어봤어요?

정봉주 한나라당 쇄신파 의원이요. 그리고 제가 물어보지 않아도 보고를 해요. 전화도 오고.

김용민 생명 연장의 꿈으로?

정봉주 생명 연장의 꿈이죠. (깔깔깔) 실제로 10·26 서울시장 선거 이후 한나라당 수도권 의원들이 떨고 있어요. 이들이 서명하고 기자회견한 걸 세 가지로 압축해주더라고. 첫 번째, 이명박 대통령의 탈당을 요구한다. 그렇게 거리를 두겠다는 것이죠. 두 번째, 자기가 속한 지역구에 '나는 이명박 대통령과 거리를 두고 있소'라고 보여주기. 세 번째가 한미 FTA 통과를 위한 몸싸움에서 자기는 빠지겠다는 겁니다.

김어준 그러니까 각하가 국회를 못 믿겠다고 다음 주에 담화문을 발표한다잖아요. 내가 보기엔 이거 땡큐야. 왜냐하면 각하가 담화문을 발표하면 반대 여론이 더 올라가.

정봉주 그렇지.

각하와 한나라당의 엿 주고받기

김어준 각하가 스스로 셀프 엿을 시식하기 시작하셨어. 하여튼 제가 중요하다고 생각한 포인트가 뭐냐면 검찰이 FTA 괴담을 단속하겠다고 세게 나왔어요. 그런데 한나라당에서는 수위 조절하라고 경고

했잖아요.

김용민 정치검찰이 정치를 모른다고 한 마디 했죠.

김어준 그렇죠. 우리가 예견했듯이 각하와 한나라당이 엿 주고받기를 시작한 거야. 엿 셔틀. 내가 보기엔 민주당이 내부 단속만 제대로 하면 막을 수 있어. 우리 모두가 동력을 발휘하면 한미 FTA 비준을 막을 수 있어요. 일단 FTA 찬성하는 국회의원들이 민주당에도 있단 말이죠. 명단 확인해서 자기 동네 국회의원이면 의원실에 전화를 해서 'FTA 막아달라'고 압박을 해야지. 사실 국회의원들이 여론을 잘 몰라. 왜냐하면 자기들끼리만 놀기 때문에.

주진우 자기 지역구 주민들이나 국민을 위해서 정치한 사람들이 아니에요.

김어준 비준 찬성 의원 명단을 확인하고 자기 동네 국회의원이면 전화를 하는 거예요. 이거 굉장히 정상적인 정치적 의사표현이고 권력이란 말이죠. 통과시키면 다음 총선에서 표를 안 주겠다고. 화내지 말고 욕하지 말고 그 의사만 분명히 전해도 압박을 받아요.

정봉주 이번에 진짜 화난 게 뭐냐면, 2004년에 국가보안법 폐지하려고 싸웠던 거 기억나세요? 그때 여의도에서 3천 명 가까운 사람이 단식을 하면서 국가보안법 폐지를 요구했어요. 그 추운데 40일간 단식한 사람도 있어요. 그 후 총선에서 국민이 열린우리당 의원을 과반수(152명) 당선시켜주셔서 '국가보안법 폐지하자'고 했어요. 그런데 열린우리당 의원들이 3개 파로 나눠져요. 완전 폐지론자, 일부 개정론자, 대체 입법론자. 열린우리당이 개혁적인 정당이라고 하는데 완전 폐지론자가 3분의 1도 안 돼요. 그때 국가보안법 존속시켜야 한다고 주장했던 사람들, 그 사람들이 또 국회의원이 되어서 이번에 한미 FTA 비준과 관련해 '절충해야 한다'면서 연판장을 돌린 거예요.

주진우 누가 연판장을 돌려요?

김용민 연판장 돌린 그 사람만 이야기해주세요.

정봉주 연판장 돌린 의원이 23명인가 25명인가 그래요. 오늘 우리 전략기획실에다 '연판장 의원'이 누구인지 조사해보라고 시켰어요. '언론에 스물 몇 명이라고 나왔는데 명단이 확보되는 건 열 몇 명밖에 안 된다'고 답이 왔어요. 그렇게 당당하고 자신 있으면 소신껏 '나 연판장에 사인했다' 이렇게 나와야 할 거 아니에요? 방마다 다 물어봐도 "우리 의원님이 했는지 잘 모르겠데요"라는 거예요. 이번에 한미 FTA를 막지 못하면 민주당은 존재 가치가 없어요.

- 이상 28회(2011년 11월 12일 방송)

한미 FTA 날치기 통과

김용민 편집을 마친 지금 한미 FTA가 모든 언론을 봉쇄한 채 한나라당의 직권상정으로 비준됐습니다. 헌정 사상 최초로 국가 간 협정이 날치기 통과된 것입니다. 각하께서는 박수를 쳤죠. 이 순간을 결코 잊지 않겠습니다. 모두의 힘으로 되돌려놓겠습니다. 〈나는 꼼수다〉 일동.

김어준 청와대에서 한미 FTA의 ISD(투자자-국가 소송제) 조항은 우리

한미 FTA가 모든 언론을 봉쇄한 채 한나라당의 직권상정으로 비준됐습니다. 헌정 사상 최초로 국가 간 협정이 날치기 통과된 것입니다. 각하께서는 박수를 쳤죠. 이 순간을 결코 잊지 않겠습니다. 모두의 힘으로 되돌려놓겠습니다.

가 싸워서 지켜야 할 가치라고 했어요. 독립운동 하냐? ISD가 3·1 운동이야? 미쳤어? 미국이 요구해서 넣은 조항을 왜 우리 청와대가 지켜줘? 아무래도 미국에서 출마하시려나봐. 어쨌든 각하하고 한나라당이 FTA를 갖고 엿 셔틀을 벌이다가 각하께서 회심의 엿을 민주당에 날렸어요. '날 믿어라. 책임지고 3개월 내에 ISD 재협상을 하겠다'라고 했어요. 이것이 꼼수라는 것을 말하고 싶어요. 왜냐하면 90일 이내에 서비스투자위원회를 개최하기로 이미 약정이 되어 있어요. 이걸 마치 새롭게 재협상을 위해서 별도로 협상 테이블을 마련하는 것처럼 말한 거거든. 원래 하기로 되어 있던 거예요. 그때 재협상을 해서 ISD 폐지 문제를 결정할 수는 없는 거예요.

주진우 '나를 믿어라' 하시는데, '대통령이 한 말도 못 믿느냐'고 한나라당에서 말씀하시는데, 지금까지 허공으로 날아간 공약이 한둘이었습니까? 그런데 '나를 믿으라'?

정봉주 여기서 한 발 더 나아갈 필요가 있는데, 각하께서 국회가 총의를 모으면 3개월 안에 재협상하겠다고 하셨어요. 우리 각하뿐 아니라 민주당 절충파들이 자기들 딴에는 한 발 더 나아간다면서 ISD 조항을 재협상하겠다는 양국 장관의 서면 각서를 받아오면 비준동의를 해주겠다는 절충안을 냈어요.

김어준 말도 안 되는 거야.

정봉주 한미 FTA 22조 2항에 보면, '조인트 커뮤니티Joint Community' 조항이 있어요. 이건 양국이 연합위원회를 만드는 거예요. 양국은 FTA에 관한 어떤 문제도 협의할 수 있는 '조인트 커뮤니티'를 설립하도록 되어 있어요. 언제든지 개정 및 수정을 할 수 있고 매년 정기회의 및 수시 회의를 열도록 되어 있어요. 그래서 각하가 지금 제안해서 FTA ISD 조항을 의논하겠다는 것도, 절충안에 대한 양국 장관의 서명을 받아오라고 하는 것도 현재 FTA 상의 조인트 커뮤니티에서 협의할 수 있는 거예요. 각하가 이야기한 것도 절충파에서 낸 것도 한 발 더 나아간 게 아니라 기존 FTA 조항 안에 다 있는 거예요. 거기에다가 양국 장관의 서명을 받아오라고 하니까 한나라당에선 뭐라고 하는 줄 알아요? '모욕적이다' 이래요. 원래 그렇게 하기로 되어 있는데.

김어준 말이 안 되는 것이 통상 협정의 비준 권한은 미국 의회에 있는 거예요.

김용민 미국 행정부가 아니라?

김어준 그렇죠. 대외 무역 협상을 하는 동안은 협상 권한을 행정부에 위임해요. 그런데 협상 기간이 끝나면 다시 협상 권한을 미국 의회가 가져갑니다. 협상 권한과 비준 권한이 다 미 의회에 있어요.

정봉주 맞습니다. '조인트 커뮤니티'는 행정부에 위임을 했기 때문에 행정부 관료들이 나오는 거거든요. 그러면 여기에서 일부 개정을 해요. 그걸 미 국회에서 또 비준을 받아야 하는 거예요.

오바마도 못하는 걸 각하는 한다

김어준 그렇죠. 이미 조항의 협상 권한과 비준 권리는 미 의회에 넘어가 있는 상태예요. 오바마가 ISD를 삭제하겠다고 사인해줄 리도 없지만 사인을 해줘도 미 의회가 승인을 해야 한다니까. 그런데 이걸 우리 대통령이 어떻게 책임을 져? 오바마도 책임을 못 지는데? 말이 안 되지. 협상하겠다는 말을 받아오는 게 뭐가 중요해. 협상을 해도 협상 결렬이면 끝나는 거잖아.

주진우 그렇죠. 미 의회에서 '안 받아주겠다'고 하면 끝나는 거죠. FTA 협상은 미국 비준이 이미 다 끝난 상태 아닙니까?

김어준 걔네는 사인을 다 했다고요.

주진우 우리만 하면 발효가 되는 거 아닌가요?

김어준 그렇죠. 3개월 후에 재협상할 걸 우리가 지금 왜 사인을 해? 사인을 하기 전에 재협상을 해야지.

김용민 '일단 나를 김태희와 혼인시켜달라. 3개월 안에 김태희 씨에게 결혼 허락을 받겠다.' '일단 에이플러스를 달라. 3개월 뒤부터 공부하겠다.' '각하께서 즉시 하야를 발표하시겠다면 국민들이 3개월 뒤에 복귀를 요청하겠다.' 이런 것이죠.

김어준 누가 양자 계약을 사인해놓고 조항을 나중에 고쳐? 말이 안 되는 거잖아. 3개월 후에 할 수 있는 걸 왜 지금 안 해?

정봉주 아직 언론에 나오지 않은 중요한 내용이 있어요. 우리나라에서는 FTA와 국내법이 동일한데, 조약이 특별법이기 때문에 FTA와 국내법이 충돌하면 FTA 법을 따라야 합니다.

김어준 특별법 우선의 원칙에 따라서.

정봉주 특별법 우선의 원칙, 신법 우선의 원칙 때문에 무조건 FTA 조약을 따라야 해요. 미국은 FTA와 미국 연방법이 충돌하면 연방법이나 주법을 따라야 해요. 그래서 우리가 그것에 대해서 불평등 조약이라고 하니까 개네가 뭘 만들었냐면 'Implementation Act', 즉 '이행법안'을 만들었어요. 연방법과 충돌하더라도 FTA 법안 조약을 우선시하겠다는 이행법안을 만든 겁니다. 이 법안이 만들어진 지 한 달밖에 안 돼요. 우리는 이행법안에 뭐가 들어 있는지 몰라요. 우리가 시간을 두고 고민하고 연구하면서 이행법안을 꼼꼼히 살펴봐야 해요.

한미 FTA 찬성 의원, 표로 심판하자

김어준 FTA 괴담 이야기가 계속 나오는데, 진짜 괴담은 이거지. "G20 개최하면 450조 원 경제효과." 450조 원이 어디 있어? 이거 어디 갔어? 450조 원 내놔라.

주진우 450원씩 주기라도 했으면 좋겠다니까요.

김어준 지금 민주당은 어떻게 막을 건지 결정도 못했더구만.

주진우 그래요, 대체 민주당은 뭐 하고 있어요?

정봉주 민주당은 그나마 잘하고 있어. 민주당을 욕하지 말고 민주당 내의 절충파만 욕하자고.

주진우 자기 지역구 의원이 FTA를 찬성하는가 반대하는가 지켜봐뒀다가 2012년 국회의원 뽑는 4월에 표로 이야기합시다.

- 이상 29회(2011년 11월 22일 방송)

한미 FTA와 박근혜

김어준 한미 FTA 비준안이 통과된 뒤 조중동 메인 기사가 이거예요. '국회 본회의장 최루탄.' 국회의원 150명이 최루탄에 눈물 흘린 것 하고 FTA로 국가 단위로 눈물 흘릴 것하고 비교가 되나? 이런 기사를 쓰는 기자들이 제일 바보 같은 거예요. 그 친구들이 재벌 2세면 이해하겠어. 아니면 무지 큰 사업을 하고 있거나. 그래서 FTA로 자기가 큰 이득을 보면 이해하겠다고. 그 기자들 겨우 연봉 몇 천만 원 받는 직장인이야.

주진우 사주들은 이익 봅니다.

김어준 조중동 소유주? 이해해. 재벌 회장? 이해한다고. 자기도 직장인인 주제에 열라 한미 FTA 옹호하고 있어. 대출 받아서 사는 직장인 주제에. 자기가 큰 언론사에 다니니까, 자기가 권력자들을 만나니까 자기가 기득권인 줄 착각하는 거야. 연예인 매니저 중에서 그런 사람이 있어요. 자기가 유명 연예인을 데리고 있으면 매니저 자신이 연예인의 권력을 가졌다고 착각하는 사람들이 있어요. 이게 똑같은 증상이야.

정봉주 대권주자 보좌관 중에서 자기가 대권주자인 줄 아는 사람이 많아요.

김용민 전직 의원인데 스스로 대통령인 줄 아는 분도 있어요.

주진우 저런 사람도 드물어.

정봉주 그거 누구야? 정상적인 사람이네. 지극히. (캴캴캴)

김어준 더 골 때린 건 그날 KBS 뉴스야. 한미 FTA와 관련한 첫 뉴스에 이런 게 나옵니다. "관세가 없어져서 9천900원짜리 체리가 7천900원이 됩니다." 좋겠다. 체리 배 터지게 먹어서 좋겠다!

주진우 실제로 그렇게 떨어지지 않습니다. 미국의 명품 가격이 떨어지지 않을 거라고 명품 회사 사람들이 이야기해줬습니다.

김어준 공영방송이 FTA 체결과 관련한 첫 번째 뉴스로 체리 값이 9천900원에서 7천900원으로 떨어진다고 강조할 때야?

정봉주 비준안이 통과된 날이 11월 22일이거든요. 한나라당이 통과시키겠다고 천명한 날은 24일이고요. '24일에 공격한다' 해놓고 24일에 공격하는 바보가 어디 있어요? 민주당 김진표 원내대표는 그냥 아무 생각 없이 마치 합의 통과해줄 것 같은 뉘앙스를 풍기고. 그런데 22일 2시 반에 한나라당에서 의총을 한다는 게 이미 언론 보도에 나왔어요. 의총 장소를 본회의장 앞에 있는 예결위 회의장으로 잡아놨어요. 여기서 의총한 뒤 바로 본회의장으로 쑥 들어가기 좋죠. 그래서 그날 오전에 의총을 하니까 조심하라, '미리 가서 본회의장 앞에서 사수하거나 박고 있어라.' 이런 이야기를 전했어요. 당직자들도 이상하다고 했고.

김어준 아침에 홍준표 대표한테서 전화가 왔어요. "야 어준아, 23일날 집회 나온다며?" 그러는 거예요. 그러면서 "니 나하고 싸우려고 하나?" 해서 "언제는 안 싸웠어요?" 그랬는데 그 말만 하고 전화를 끊는 거예요. 이상했어. 자기들이 그날 통과시킬 것을 내가 알고 있나 모르고 있나 찔러본 거야. 이상해서 민주당 뭐 하고 있나 확인해보려고 아침에 정 의원님께 전화를 했는데 하필 전화가 안 됐어. 그런데 그날 민주당 의원들의 출판 기념회가 잡혀 있었더라고.

정봉주 2시 30분에 한나라당이 의총을 잡아놨고, 김성호 의원은 2시에 출판기념회를 했는데 3시에는 제주도 출신 다른 의원의 출판기념회가 잡혀 있었어요. 여의도 본회의장에서 떨어진 의원회관 대강당에서 계속 출판기념회를 하면서 왔다 갔다 한 거예요. 당의 원내지도부가 전혀 막지 못하고 있었고.

김어준 긴장감이 없었던 거예요. 출판기념일을 일부러 잡진 않았겠지. 그렇지만 24일에 의총을 한다고 하면 2~3일 전부터 긴장하고 대비하고 있어야 하는데, 민주당 지도부가 안일했다는 것은 변명의 여지가 없는 것 같고,

정봉주 일상적인 전술에 당해서 더 화가 나요.

주진우 국회 교본 1장에 나오는 겁니다.

김어준 사실 민주당이 FTA를 어느 정도 막아낼 수 있었어요. 한나라당이 실제로 쫄았거든요. 기자들을 다 쫓아내고 화면도 남기지 않으

려고 했다는 것 자체가 쫄았다는 거거든요. '이게 역풍으로 돌아와서 내가 총선에서 칼 맞는 거 아닌가' 하고 쫄았단 말이죠. 그러나 결국엔 일사불란하게 움직였어요. 여기에 각하 이상으로 박근혜의 사인이 중요했다고 생각하는데…… .

주진우 박근혜 전 대표에게는 분명히 먼저 사전 통보했을 거예요.

김어준 각하는 퇴임하고 의원들은 당선되어야 하는 상황이에요. 그렇다면 공천권을 쥔 쪽의 의사가 대단히 중요하거든요. 박근혜 전 대표가 사실은 그 사인을 내렸잖아요. FTA 통과하는 데는 박근혜 전 대표의 시그널이 아주 중요했어.

주진우 혁혁한 공을 세웠다고 할 수 있죠.

대한민국은 '미주공화국'

김어준 최루탄 얘기 조금 써먹고는 반미 키워드로 나와요. 아주 전형적인데 'FTA를 이렇게 몰고 가는 것이 무엇이냐? 그 뒤에는 반미가 있다.' 이런 식으로 여론을 만들어가려는 시도가 있어요. ISD는 간단해요. 미국 정부가 우리 정부를 소송하는 게 아니에요. ISD는 미국 기업이 우리 정부에 소송을 걸 수 있게 해주는 거거든. 미국 장사꾼이 곧 미국이 아니야. 그냥 장사꾼이야. 일개 장사꾼이 자기 장사 방해된다고 우리 정부를 상대로 소송 거는 제도가 ISD야. 그걸 없애자는 건데 그게 왜 반미야. 그리고 여기에 걸려서 미국 장사꾼을 이긴 나라가 없어. 이 이야기를 하는 건데 무슨 반미야.

미국 장사꾼이 곧 미국이 아니야. 그냥 장사꾼이야. 일개 장사꾼이 자기 장사 방해된다고 우리 정부를 상대로 소송 거는 제도가 ISD야. 그걸 없애자는 건데 그게 왜 반미야.

정봉주 비준이 통과된 날 바로 〈월스트리트 저널〉이 '한국의 대미 무역 구조가 흑자를 계속 유지하고 있었는데 앞으로 대미 흑자의 폭이 줄어들 것이다'라고 보도해요. 다른 언론도 아니고 〈월스트리트 저널〉이. 불리한 협정을 맺고, 국내법보다 우선되는 조약을 통과시킨 것에 반대하는 게 어떻게 반미야?

김어준 그들에게 대한민국은 '미주공화국'인 거죠.

주진우 그러니까 전지적 각하 시점으로 보시죠.

김어준 우리 각하께서는 각하의 주머니에 직접 꽂히는 게 없으면 이렇게까지 달리시는 분이 아니라는 전지적 각하 시점에 따라서 한미 FTA로 누가 직·간접 이득을 취하는지 앞으로 조금씩 따져가겠습니다. 그 전에 살짝 맛보기로.

주진우 맛보기 할까요? 태평양을 건너는 경제고속도로가 깔렸다고 조중동에서 계속 이야기하는데, 한미 FTA로 어느 업종, 어느 직업, 어느 회사가 득을 보는지 따져봅시다. FTA가 통과되고 나서 〈중앙일보〉 6면에 실린 기사 제목입니다. '차 부품·섬유업 대형 호재.'

김용민 차 부품업? 가만있자. 어느 회사에서 카시트 만들지?

주진우 이건 〈조선일보〉입니다. 업종별 기상도에서 자동차 맑음이에요. 자동차 부문 수출의 36퍼센트를 차지하는 차 부품에 대한 미국 측 관세가 즉시 사라진다고 합니다. 차 부품 하면 현대모비스, 현대위아, 만도, 그리고 다스도 있죠. 한국다이어 있습니다. 여러 가지 이야기가 나오는데, FTA로 재벌은 웃고 서민은 웁니다. 일단 농산물은 모든 분야에서 타격을 입습니다. 식음료, 주류에서 타격이 불가피합니다. 포도주 관세는 즉시 철폐되고 양주 수입관세는 5년, 맥주 수입관세는 30년 후에 철폐됩니다. 반면 인삼음료는 대미 수출이 크게 증가할 것으로 예상된답니다. 포도주, 양주 수입이 억 달러대입니다. 인삼차는 우리가 얼마나 수출할까요? 백만 달러나 될까요? 은행, 보험사, 자산운용사 설립이 완전히 자유화되어서 미국 업체의 한국 시장 진출이 확대될 전망입니다. 잘 들어보십시오. 은행, 보험사, 자산운용사 설립 자유화, 이거 어느 회사 어느 재벌이 하던 말입니까? 삼성이 주장하던 것입니다. 각하의 사위가 삼성의 중역입니다.

정봉주 누구요?

주진우 이상주 씨라고, 삼성화재 법무담당 상무에서 삼성전자로 갔습니다. 해외 담당하는데 막강한 영향력이 있습니다. 이뿐만이 아닙니다. 경제자유구역 내에 영리병원 설립이 보장됩니다. 〈조선일보〉 보도에 따르면 제약업계는 복제약 판매가 어려워져서 매년 1천400억~4천900억 원 정도의 매출 손실이 생깁니다. 영리병원 설립을 어느 회사에서 계속 주장했습니까? 삼성입니다. 한미 FTA는 의료민영화의 또 다른 이름입니다. 약값과 병원비는 올라가요. 서민의 호주머니는 금방 줄어드는 대신 누군가는 금방 돈을 벌어요. 누구를 위한

FTA일까요?

김어준 저희가 FTA로 과연 누가 이득을 취하는지 지금부터 계속해서 따져 나가겠습니다.

정봉주 피해를 보는 사람들도 아주 구체적으로 적시할 필요가 있어요.

김어준 한미 FTA는 장기전이기 때문에 막 화내는 것보다 잊지 않는 것과 꼼꼼하게 따져보는 게 중요합니다. 우리는 결코 잊지 않겠습니다. 한미 FTA 합의문의 마지막 페이지를 보면 한쪽의 대통령이 협정을 파기할 수 있다는 조항이 있어요. 그런데 전문가들 말에 따르면 한쪽이 조약을 파기하면 양국의 경제관계는 파국을 면할 수 없어요.

주진우 파국까지요?

김어준 파국이죠. 동맹관계가 깨지니까.

정봉주 그렇게 종료를 하면 예상되는 경제적 피해에 대한 보상까지도 해줘야 한다고 해석하는 학자도 있더라고요.

김어준 사실은 우리가 이것을 멈출 수 있는지 없는지도 모른 채 통과시켰어요.

정봉주 국가 관계, 외교 통상관계가 완전히 깨진다는 거 아니에요?

김어준 미국하고는 안보 문제도 연결되었기 때문에 틀림없이 안보 문제도 들고 나올 겁니다.

주진우 못 견뎌내죠.

김어준 그러니까 1차적으로는 FTA에 대해서 재협상할 만한 의회 권력을 총선 때 선출해야 하고, 대선 때 정권 교체를 한 다음에 전면적으로 이 문제를 제기해나가야 해요.

정봉주 '투사형 인물'로 정권 교체를 해야 합니다.

- 이상 30회(2011년 11월 26일 방송)

종로경찰서장의 자작 활극과 괴담 유포자 조중동

주진우 한미 FTA 집회에서 벌어진 종로경찰서장 폭행 사건은,

김어준 경찰서장이 정복을 입고 시위를 하는 현장에 아무런 사전 통보 없이 그냥 밀고 들어간다? 이건 일단 교본에 맞지가 않아.

주진우 박건찬 서장께서 사복을 입고 있다가 정복으로 갈아입고 들어갑니다.

김어준 일부러 경찰서장인 걸 알린 거야.

주진우 그렇죠. '정복을 차려입은 건 경찰서장으로서 당연한 자세'라고 말했는데 그 옆에 사복 입은 경찰들 많았거든요. 그럼 그 사람들은 당연한 자세가 아니고 무슨 건방진 자세야?

정봉주 폭행한 사람들이라고 사진 찍힌 사람들 중 누가 사복경찰조인지 나는 딱 알겠더라고.

주진우 정복을 입고 시위대 안으로 들어가서 설득한다고요? 이건 있을 수 없는 일입니다. 왜냐하면 시위대와 대치하고 있으면 경찰 수뇌부와 시위대 수뇌부가 전화를 하거나 따로 만납니다. 정보과장과 부하 직원들이 워키토키도 숨기고 와서 구석에서 만나서 어떻게 할 것인지 이야기를 합니다.

김어준 우리 공연 때도 어떻게 할지, 무엇을 요구할지 다 이야기합니다.

주진우 아무튼 정복을 입고 와서 자극한 것은 분명합니다. 그 이후의 행태가 더 중요한데, 몇 대 맞아 전치 3주가 나왔다고도 하는데, 병원에서 나오자마자 기자회견을 합니다. 시위를 막거나 통제해야 하는 관할 경찰서장이 갑자기 기자회견을 해요.

정봉주 그 자리에 기자들이 많이 왔나요?

주진우 기자들이 왔죠. 서장이 시위대에 맞았다고 회견을 하고 홍보계에서 신속하게 사진을 내놔요.

김용민 서장이 맞은 사진을 경찰에서 뿌린 거다?

주진우 서울경찰청.

김용민 종로경찰서가 아니라 서울경찰청?

정봉주 사진을 보면 제공자가 서울경찰청으로 나와요.

주진우 그다음 날 모든 보수 신문이 1면으로 '경찰이 구타당했다' '공권력이 목조였다'고 보도하죠. 〈조선일보〉에서 지목한 사진 속 구타 유발자가 사실은 종로경찰서 유아무개 경사예요.

김어준 실제로 체증반이 있잖아? 경찰에는 체증조가 있고. 사진 보면 자기 경찰서 사람이란 거 다 알아. 그런데 아무 말도 안 하잖아. 조중동 경찰 출입기자도 다 알아.

김용민 그럼 이 친구들이 뻥을 친 거예요?

김어준 단순한 뻥이 아닌 거지.

정봉주 기획된 거죠.

주진우 경찰서장 폭행으로 FTA 반대 운동의 본질을 흐리겠다는…….

한미 FTA 반대 집회하는 분들의 가장 큰 생명은 도덕성이거든요. 도덕성을 공격하면 진보 진영은 위축되잖아요. 조중동이 '경찰서장이 매 맞는 나라'라는 식으로 보도하는 이유가 여기에 있지.

김어준 이거야말로 괴담인 거지. 왜냐하면 조중동 경찰 출입기자들은 경찰이 어떻게 돌아가는지 다 알아. 구타유발자가 형사인 것을 다 알면서도 경찰서장이 구타당했다고 기사를 써버린 거지. 그렇게 해서 시위대를 폭력적인 무리로 만들어버리는 괴담을 유포하려는 거지.

정봉주 한미 FTA 반대 집회하는 분들의 가장 큰 생명은 도덕성이거든요. 도덕성을 공격하면 진보 진영은 위축되잖아요. 조중동이 '경찰서장이 매 맞는 나라'라는 식으로 보도하는 이유가 여기에 있지.

김용민 헤드라인이 다 똑같아.

주진우 11월 28일 〈조선일보〉 1면인데요. '불법이 합법을 집단 폭행'이라는 제목 아래 고개를 숙이고 있는 경찰서장과 뒤에서 손을 들고 '때리려는 자세를 취한' 시민의 사진이 나오는데, '때리려는 자세를 취한' 그 사람이 경찰이에요.

김어준 이 사람이 경찰인 것을 〈조선일보〉 출입기자들도 안다니까.

주진우 양아무개 기자가 기사를 썼는데 이걸 모르고 기사를 썼으면 기자 하지 말아야지.

김어준 일반인들은 모를 수 있지만 경찰청 출입기자들은 다 알 수밖에 없잖아.

정봉주 이 사건이 언제 일어난 거예요?

주진우 11월 27일 터졌는데 28일 조중동 1면에 다 나왔습니다. '한미 FTA에 반대하는 사람은 불법을 밥 먹듯이 하는 좌익, 친북이다.' 이런 이야기를 하고 싶었던 거죠. 아니나 다를까 우리 각하께서 11월 28일 이런 이야기를 합니다. "제복을 입은 경찰에 대한 폭력은 민주주의에 대한 위협이다." 가이드라인 나온 것 같습니다.

김어준 당시 현장 취재를 한 〈한겨레〉 기자에 따르면 경찰서장이 시위대로 진입하기 직전에 전화를 받았어요. 그 전화를 끊자마자 '가자'고 했다는 거야.

정봉주 그리고 말릴 새도 없이 정복을 입은 경찰서장이 밀고 들어가고 옆에 사복조가 따랐고.

김어준 경찰서장이 핸드폰으로 전화를 받자마자 '가자'고 즉각 행동에 옮길 걸 보면, 그 전화를 건 사람은 최소한 경찰청장급은 돼야죠.

정봉주 경찰서장을 즉각적으로 움직이게 할 수 있는.

김어준 이강덕 서울경찰청장이 "물대포를 쏘지 않아 이런 일이 났다"라고 바로 말했잖아요. 이는 최소한 서울경찰청장급 정도가 명령을 했다는 얘기야. 그런데 서울경찰청장이 조중동 모두에 기사를 내게 만들 수 없거든.

주진우 그렇죠. 서울경찰청장급이 아닙니다.

경찰과 조중동을 움직인 세력

김어준 최소한 서울경찰청장급 정도에게 지시를 내릴 수 있고 동시에 조중동 데스크에다 '이 기사로 도배를 하라'고 할 수 있는 그 누군가가 있는 것으로 매우 추정되는,

주진우 최소한 경찰청 수준은 아닙니다. 조중동은 경찰 말 안 듣습니다. 수사권을 조정하는 내내 조중동은 경찰 편이 아니었습니다.

김어준 경찰청과 조중동을 동시에 움직일 수 있는 정도의 의사결정권을 가진 세력이 움직였다고 추정할 만한 근거가 있어요. 쇠고기 집회 때처럼 촛불이 확대될까 우려됐던 것도 있고, 정치적인 폭발력이 있을까 봐 걱정됐던 것도 있고. 추운 날 물대포는 겁을 주는 데 굉장히 효과적이지만, 그러면 FTA를 찬성하는 사람들조차 너무한다고 여기거든. 그런 부담 때문에 물대포를 쏠 명분이 필요했어요. '이런 데도 물대포 안 쏠 거냐.' 이런 게 필요했던 거고, 바로 이런 것이 괴담이지.

주진우 너무나 잘 짜인 각본 같습니다. 박건찬 종로경찰서장을 폭행한 김모 씨에 대한 구속영장을 즉시 청구했는데 29일 영장이 바로 기각됐습니다.

김어준 조중동 기자들은 종로경찰서장 옆에 있던 사람들이 경찰인 걸 알면서도 그런 기사를 썼어. 언론이 스스로 특정 정치 세력의 도구를 자처해서 거짓말을 유포한 거야. 이런 거야말로 진짜 괴담이지. 조중동이 괴담을 유포했어.

김용민 구속영장이 기각된 김모 씨가 이런 이야기를 했어요. "경찰 수사 과정에서 경찰은 내가 박건찬 서장을 둘러싼 경찰들과 몸싸움하는 모습이 찍힌 사진만 제시했다. 내가 때렸다는 장면은 전혀 없었다." 엄청나게 많이 체증했을 텐데……

- 이상 31회(2011년 12월 4일 방송)

노후 보장 꼼수

내곡동 사저에 숨은 비밀

청와대와 대통령 아들의 합작 꼼수

김어준 각하 아드님이 부동산을 하나 장만하셨어요. 우리 각하께서는 전 재산을 헌납하시고 집 한 채밖에 없잖아. 그렇게 청렴결백하고 도덕적으로 완벽하신 각하께 다스에 취직한 아들이 있습니다.

주진우 다스의 기획팀장인 이시형 씨인데, 지금 경주 본사에 내려가 있습니다. 도덕적으로 너무 완벽하신 분이라 짧게 이야기할게요. 양재나들목에서 분당 쪽으로 5분 정도 넘어가다 보면 오른쪽에 아담한 동네가 하나 나옵니다. 능안마을이라고.

김용민 능안마을 알죠.

주진우 70여 가구가 사는데, 거기에 누가 봐도 좋은 자리에 수양이라는 고급 한정식집이 있습니다. 5년 전에 그린벨트 안에서 문을 열었습니다. 집을 짓기도 어려운 그린벨트 안에 한정식집이 생긴 거예요.

그 집이 2011년 5월에 각하 아드님에게 팔립니다.

김어준 얼마야?

주진우 50억 원이 넘습니다.

김어준 도덕적으로 완벽한 각하가?

주진우 아드님이.

김어준 아들은 도덕적으로 완벽하지 않은가?

주진우 2002년에 히딩크 감독하고 슬리퍼를 신고 사진 찍었던 그분이 건물을 사요. 3필지인데, 1필지는 건물이 있고, 2필지는 그린벨트입니다. 이 땅을 총 50억 원 넘게 주고 삽니다. 정확하게는 52억 8천 800만 원.

김어준 아드님 본인 명의로?

주진우 본인과 대통령실이 같이 삽니다.

김어준 뭐라고요? 대통령실?

정봉주 등기부등본에 대통령실이라고 써 있어요?

주진우 네. 등기부등본 하나만 확인하죠. 20-17번지는 528제곱미터짜리 땅입니다. 한정식집 건물이 여기 있습니다. 528분의 330은 시형 씨 소유고 대통령실은 528분의 198을 소유합니다. 부동산 업자들은 이런 식으로 지분을 나눠서 사는 일은 거의 없다고 말합니다. 나중에 청와대가 해명을 하겠지만 거기에 대한 꼼수까지 보겠습니다. 일반적으로 대통령 사저 옆에는 경호사동을 짓게 되어 있습니다. 이번에 논현동 각하 사저 옆에 경호사동을 짓기 위해서 땅을 사려고 국회에 70억 원을 요구했는데, 박기춘 예산소위원장이 너무 많다며

40억 원으로 삭감했죠. 전직 대통령 사저 옆에 경호사동을 짓는 거지 대통령 자녀 집에 경호사동을 짓는 경우는 없습니다. 현직 대통령 자녀도 출퇴근하며 경호를 합니다.

김어준 퇴임 이후 대통령 아들을 위한 경호사동을 짓기 위해서 대통령이 땅을 매입했다?

주진우 이명박 대통령은 골프장 회원권과 논현동 집을 제외하고는 모두 청계재단에 기부해서 돈이 없어요. 그런데 시형 씨의 재산은 어느 정도일까요? 1993년부터 살펴봤는데, 각하가 취임했을 때(2008년) 시형 씨가 재산등록을 딱 한 번 했습니다. 3천656만 원을 신고했습니다. 2009년부터는 시형 씨가 독립생계를 했다며 재산신고 고지를 거부합니다. 대통령 주변이나 친인척은 재산신고를 하는 게 상식인데 거부합니다. 법적으로 거부할 수 있습니다.

시형 씨는 2007년 8월부터 매형이 부사장으로 있는 한국타이어에서 인턴을 한 뒤 정규직 사원으로 잠시 일했고, 대통령 처남인 김재정 씨가 작고한 2010년 8월에 다스 해외영업팀 과장으로 들어갑니다. 지금은 기획팀장이 됐는데 2년 정도 근무했습니다. 2008년에 재산이 3천600여 만 원이었는데 50억 원짜리 집을 산다는 건 말이 안 됩니다. 지분 쪼개기를 해서 30억 원을 주고 샀다 해도 납득이 안 되죠. 대통령이 돈을 주지 않았을까요?

각하 아들은 무슨 돈으로 땅을 산 것일까

정봉주 지분구성이면, 그 지분에 해당하는 금액은 크지 않을 거예요. 왜냐하면 500분의 20 몇씩 해서 이빨을 맞춰놓은 거예요.

주진우 아니요.

정봉주 이시형 씨 지분이 얼마쯤 돼요?

주진우 액수로 따져보면 3분의 2나 5분의 3정도 된다고 할 수 있겠는데, 기본적으로 돈의 출처가 불명확합니다. 물론 대통령의 돈도 아니고, 여사님의 돈도 아니고 시형 씨의 돈도 아닙니다. 다른 데서 가져왔겠죠.

정봉주 제3자의 소유라고 하는 건 그쪽의 고정적인 멘트니까.

주진우 제3자의 소유라고 할 수 없죠.

김어준 대통령의 아들 명의로 되어 있습니다.

정봉주 아니 제3자 소유의 돈을 가져왔다.

주진우 그렇죠. 두 번째 문제점이 뭐냐면, 시형 씨가 사들인 땅이 지금 용도변경 중입니다. 그린벨트가 대부분인데 말이죠. 시청이나 구청에서 용도변경을 하지 않을 수도 있지만 일단 현재는 용도변경 중입니다.

이시형 씨에게 전화해서 물어봤습니다. 직접 통화했습니다. 이시형 씨의 목소리가 외부에 나오는 것은 이번이 처음일 겁니다. 이시형 씨에게 물었습니다. "이렇게 높은 분이 직접 전화를 받아주시니 정말 고맙습니다." 그랬더니 "아, 네네" 하더군요. 얼른 끊을지도 몰라서 재빨리 물었어요. "올해 땅하고 건물 산 거 맞죠?" "네. 네. 확인하고 전화하셨을 텐데, 맞습니다. 사적인 문제라서 더 말하고 싶지는 않습니다." "그런데 대통령실하고 함께 매입한 이유는 뭡니까?" "그것도 개인적인 문제라서 말 안하겠습니다."

김어준 개인적인 이유가 아니지, 대통령실인데.

주진우 "주거용으로 매입했나요?" 하고 물었더니, "아 네, 그런데 사적인 문제라서 이것도 이야기 안 하겠습니다"라고 했고, "용도변경이 추진되고 있는 것에 대해서는 말씀드리기 곤란합니다"라고 말한 것으로 봐서는 용도변경이 이뤄지고 있다는 걸 아는 것 같습니다. 자, 여기까지는 제가 확인한 내용입니다. 다음 주 월요일 청와대에서 대응을 할 겁니다.

김용민 월요일에 〈시사IN〉이 나오니까?

주진우 예, 〈시사IN〉이 월요일에 나오니까요. 아니면 우리 방송을 듣고 일요일날 김 빼기로 이야기할 수도 있습니다. 〈시사IN〉에서 보도를 하면 '모 주간지' 항상 이런 식으로 이름을 바꾸거나, '한 주간지' 이런 식으로 나옵니다. 제가 보기에는 분명히 청와대에서 대통령 사저를 옮기려고 했다고 말할 것 같습니다. 그런데 이게 말이 안 됩니다.

(방송은 금요일 밤늦게 녹음됐다. 토요일 오전 알 수 없는 이유로 서버 회사에서 파일을 업로드할 수 없다고 했다. 일요일 청와대는 대통령 사저를 옮기려고 내곡동 땅을 구입했다고 해명했다.)

김어준 그렇다고 하더라도 일단 돈은 어디에서 난 겁니까?

정봉주 무슨 근거로 대통령실과 공동으로 샀나요?

주진우 법적 근거가 없습니다.

김용민 용도변경.

정봉주 용도변경은 서울시가 관여하죠?

주진우 그렇죠. 가장 중요한 역할을 하죠. 그런데 대통령 사저를 지으려고 했다면 이건 명백한 불법 증여에 해당할 수 있습니다.

김어준 증여는 아니지. 각하가 지금 돈이 없잖아.

주진우 사저라고 이야기할 가능성이 크고, '누가 사줬다'라고 이야기할 수도 있어요.

정봉주 누가 사줬다고 하면 그건 불법 정치자금 수수죠.

주진우 가족이 사줬다고 하겠죠. 가족들이 모두 갑부 아닙니까?

김용민 갑자기 자연이 아름다워서?

정봉주 그래도 불법 증여죠. 증여세 안 냈을 거 아니에요.

김어준 증여세를 처리하고 있을지 모르지.

정봉주 지금쯤 자기들끼리 꼼꼼하게 대응책을 세우고 있을 거예요.

김어준 틀림없이 주진우 기자한테 전화가 왔다는 걸 저쪽에선 알고 있을 거예요.

주진우 그렇죠. 이미 오늘 '재가 뭘 잡았다더라.' 이런 소문이 정부기관에 돌았습니다. 그래서 정부기관에서, 전화도 하고 왔다 가기도 했습니다. 자, 처음으로 대통령 직계 가족이 관련된 문제가 터졌습니다. 어떻게 처리하는지 한 번 봅시다.

- 이상 22회(2011년 10월 9일 방송)

김대중 전 대통령 경호시설 69평, 각하 850평

김어준 우리가 사실 관계를 분명히 할 사안이 하나 있는데, 내곡동 사저, 이거 우리 주진우의 특종입니다. 최초로 〈나는 꼼수다〉를 통해 나간 거였어요. 그런데 업로드가 하루 늦었어. 우리 전화를 도청하니까 주진우가 취재하고 있는 걸 그쪽에서도 알았겠죠. 물타기가 미리 들어온 거예요. 그래서 〈시사IN〉 주진우가 〈나는 꼼수다〉를 통해서 특종한 것인지, 아니면 〈시사저널〉이 특종한 것인지 사람들이 헷갈려 하거든요. 〈시사IN〉 주진우의 특종입니다. 〈시사저널〉에서 나온 이야기는 주진우의 특종을 물타기할, 방어할 내용이에요. 특종은 주진우가 한 거라고.

정봉주 맞아 주진우 특종이야.

김어준 오늘은 홍준표 한나라당 대표를 모셨습니다. 우선 현안인 내곡동 사저 얘기부터 하죠. 최근 각하 이야기의 핵심 사안은 사저 문제입니다. 사저와 관련해 사실 관계부터 바로잡고 질문드릴 게 있어요. 청와대에서 봉하마을 경호시설이 541평이고 각하 경호시설은 648평이라고 발표했거든요. 그런데 실제 노무현 전 대통령 경호시설은 541평이 아니고 350평이에요.

정봉주 360평이 조금 안 되죠.

김어준 김영삼, 김대중 전 대통령의 경호시설은 100평 미만입니다. 노무현 전 대통령은 왜 350평이 됐냐? 김영삼, 김대중 대통령은 모두 대통령이 되기 전에 살던 서울 집으로 돌아갔거든요. 그래서 경호원들이 쓰는 체력단련장, 교육실, 회의실 같은 부대시설은 청와대 것을 이용했어요. 노무현 대통령 사저는 봉하여서 경호원 출퇴근이 불가능한 바람에 부대시설을 그만큼 크게 지어서 350평이 됐습니다. 이 350평을 청와대에서는 자꾸 541평이라고 말한다고요. 경호원들의 아파트 숙소 190여 평(진영읍에 있는 아파트 6채)을 더해서 541평이라고 주장하는 거예요. 이 계산법대로 하면 이명박 각하의 사저로 출퇴근하게 될 경호원들의 아파트 평수 190평 다 더해야 해요. 그러면 850평이 되는 거야. 내곡동은 서울이기 때문에 경호시설만 있으면 돼요. 김대중, 김영삼 전 대통령처럼 100평 이하의 경호시설 초소만 있으면 됩니다. 김대중 대통령은 69평이었거든요. 이명박 대통령 사저가 노무현 대통령 계산법으로 하면 850평인데 서울 사는 전직 대통령보다 10배가 넘게 큰 거예요. 노무현 대통령은 사저에 2억 5천 900만 원이 들어갔습니다. 그런데,

홍준표 사회 보는 사람이 저래 말 많이 해도 되는 겁니까?

김어준 내 마음입니다. (푸하하)

홍준표 김어준 총수, 지금도 혼자 살아요?

김어준 제가 돌싱이고 그다음부터는 사생활이기 때문에. 너무 궁금하게 생각하지 마시고. 부러우십니까? 부러우신 거 알아.

홍준표 우선 청와대 국비가 들어가는 경호시설이 너무 크다, 그래서 내가 '대폭 줄여라' 했고,

김용민 정무수석에게 그렇게 말씀하셨죠?

홍준표 네. 언론에 터진 거 보고 '좀 심하다' 생각했어요. 논현동 사저

주변에 경호시설을 만들려고 하는데 땅값이 비싸서 처음에 75억 원 인가를 신청했다가 국회에서 40억 원으로 삭감했어요.

주진우 네, 70억 원에서 40억 원으로 삭감했죠.

홍준표 40억 원으로 삭감했는데 청와대에서 사저 담당하는 사람이 그 예산에 맞춰서 매입한 느낌을 받았어요. 그래서 '예산에 맞춰서 집을 사지 말고 경호시설을 최대한 줄이라'고 내가 요청을 했는데, 청와대에서 최대한 줄이겠다는 답변이 왔습니다. 내가 정식으로 대통령께 줄여달라고 했어요. '이건 국민 정서에 맞지 않다. 줄여라.' 청와대에서 줄인다고 답변이 왔어요.

평당 2천만 원짜리 땅을 200만 원에 사다

김어준 크기는 그렇다고 쳐요. 핵심은 크기에 있지 않습니다.

주진우 한 달 전부터 내곡동을 다녔습니다. 제가 땅을 사는 것처럼 해서 취재를 했습니다. 사실은 땅을 사 알박기를 해서 사회복지재단에 기부할 생각을 했습니다. 이시형 씨하고 대통령 경호실에서 산 땅이 그린벨트 안에 있고, 건물을 지을 수 있는 대지는 2필지뿐입니다. 거의 모든 땅이 그린벨트인데 그린벨트는 평당 200만 원 정도면 살 수 있습니다. 수양이라는 음식점이 있던 대지에만 건물을 지을 수 있는데 평당 2천만 원을 줘야 살 수 있습니다. 집이 있는 160평은 건물을 지을 수 있을 땅으로 비싼 땅이고 나머지는 그린벨트니까 싸지 않습니까. 그런데 대지 160평 중에 가장 노른자위 땅 100평이 이시형 씨

몫입니다. 그 옆의 대지 중 30평도 이시형 씨 몫입니다. 130평을 이시형 씨가 11억 원 정도 주고 샀습니다.

정봉주 11억 2천만 원.

주진우 130평을 평당 2천만 원씩 단순 계산해도 26억 원 줘야 하는데 11억 원 주고 샀어요. 그리고 그린벨트가 풀립니다.

홍준표 언제 풀렸어?

주진우 지금 용도변경 중입니다. 안 그러면 건물을 못 짓는데 왜 그 땅을 샀겠어요? 용도변경하면 648평 전체가 다 2천만 원짜리 땅이 됩니다.

정봉주 그린벨트 해제 지역으로 인정이 된 거예요.

김어준 이명박 각하가 서울시장 시절에 그린벨트를 해제한 겁니다.

정봉주 서울의 마지막 금싸라기 땅이에요.

김어준 주진우 기자 말의 핵심은 뭐냐면, 아들은 싸게 사고 경호실은 비싸게 샀다는 거예요.

주진우 대통령과 대통령의 아들은 엄청난 시세차익을 얻고 그린벨트에 집을 지어도 됩니까?

김어준 주진우 기자의 주장을 간단하게 말하면 이렇습니다. 아들은 싸게 사고 경호실은 더 비싸게 샀어요. 실거래가가 총 52억 원이 넘습니다. 아들이 낸 돈은 11억 2천만 원. 청와대가 나머지 80퍼센트를 냈어요. 등기장부를 보면 아들이 소유한 공시지가 대비 지분은 54퍼센트입니다. 대통령실은 46퍼센트. 아들은 20퍼센트의 돈을 내고 땅을 절반 넘게 차지한 거예요.

홍준표 그렇게 될 수 있을까요? 아들은 대통령 이름으로 사면 혹시 보안상 문제나 가격이 폭등한다든지 하는 문제 때문에 했다고 하는데, 그러면 아들은 대지 지분만 있는 거 아닙니까? 경호동이 아니고.

주진우 아닙니다. 그린벨트도 있어요.

홍준표 사실 대통령 아들은 경호동 땅이 아니라 대지에 대한 지분만 갖게 되거든요.

주진우 제가 말씀드리지 않았습니까. 그린벨트는 평당 200만 원짜리고 대지는 2천만 원짜리인데, 2천만 원짜리 땅을 200만 원을 주고 산 게 많이 있습니다. 이건 문제가 있지 않습니까?

대통령이 세금으로 아들 땅 사줬나

홍준표 오늘 올 때 자세히 못 보고 왔어요. 이 문제가 논의될 줄 알았지만, 그런 문제점이 있다면 바로 고치도록 하겠습니다.

김어준 당연히 고쳐야죠. 문제의 핵심은 대통령이 세금으로 아들 땅을 확보해줬다는 거예요.

홍준표 김어준 총수, 이것 봐요. 대통령이 서울시장을 할 때도 전 재산을 기부했습니다. 그리고 대통령 하고 있는 중에도 월급을 전부 사회단체에 기부합니다.

김어준 돈이 많으시잖아요.

홍준표 재산 대부분을 재단에 기부한 사람인데 김어준 총수 라디오 제목처럼 그런 꼼수를 썼겠습니까?

재산 대부분을 재단에 기부한 사람인데 김어준 총수 라디오 제목처럼 그런 씀수를 썼겠습니까?

김어준 핵심은 이거예요. 아들이 돈은 20퍼센트를 내고 땅은 절반을 차지했어요. 이건 변할 수 없는 사실이에요.

홍준표 그건 나중에 한 번 보겠습니다. 아들은 자기가 사저를 지을 대지만 차지해야죠. 나머지는 경호동이고 국가 땅이죠.

주진우 대지 가격도 지불하지 않았어요.

정봉주 대지도 지분 구분이 경호실과 섞여 있어요.

홍준표 그건 공유지분으로 하니까.

정봉주 계약이 끝난 상태에서 이걸 바꾸겠다고 하는데, 계약이 이미 끝난 걸 어떻게 바꿉니까?

홍준표 바꿀 수 있죠.

정봉주 이미 소유가 확정됐거든요.

김어준 주진우한테 안 들켰으면 안 바꿨을 거 아냐?

정봉주 다른 건 몰라도 시형 씨는 공시지가보다 약간 비싸게 주고 땅을 샀습니다. 공시지가 8억 원 되는 땅을 11억 2천만 원을 주고 샀으니까요. 반면 경호실은 공시지가보다 4배나 더 비싸게 샀어요. 10억 원짜리를 42억 8천만 원에 샀어요.

김어준 여기까지가 팩트입니다.

홍준표 공시지가하고는 다르죠.

정봉주 그래서 실거래가를 계산해봤어요. 그린벨트 해제로 인해 생기는 가격 상승을 계산 안 하고 현실적 실거래가로만 따져도 시형 씨는 5억 5천만 원의 시세차익을 봤어요.

홍준표 경호실의 경호동을 국가가 세금으로 샀는데 그걸 대통령이 이득 봤다고 하면 곤란하지. 아들 명의로 된 부분에서 이득 본 부분이 있다면 문제가 되겠지만, 경호실이 국가 예산으로 산 땅인데 이건 국가 소유입니다.

정봉주 아들 시형 씨와 경호실이 공동으로 구입했다니까요. 거기에서 얻은 시세차익이에요. 대지 3필지에 대해서도 경호실 돈과 아들 돈이 같이 들어간 거예요.

홍준표 만약 정봉주 의원이나 꼼수 김어준 선생이 말씀하신 게 맞다면 바로잡겠습니다.

5월 13일 계약, 6월 20일 용도변경, 6월 22일 등기

김어준 한 가지만 더. 이게 원래 밭이었는데 대지로 지목변경을 합니다. 지목변경을 하면 땅값이 상승해요. 등기를 6월 22일에 했는데 계약은 5월 13일에 했습니다. 지목변경은 6월 20일에 이루어져요. 땅 주인이 지목변경을 한 상태에서 팔면 더 많이 받을 수 있는데, 각하 쪽에서 산 뒤에 지목변경을 합니다. 이 과정을 통해서 시세차익을 얻어요.

홍준표 이익을 얻었다면 거기에 대한 적절한 세법상 조치가 있어야겠죠.

들키지 않았다면 세금으로 땅을 많이 확보해서 아들한테 편법 상속을 하려고 한 거 아니냐는 의혹을 제기할 만한 증거가 되지 않습니까?

김어준 세금 말씀하셔서 얘긴데, 대통령의 이름으로 하면 가격이 폭등할까 봐 아들의 이름으로 했다고 했거든요. 이게 말이 안 되는 게요,

홍준표 그 부분은 인정합니다.

김어준 아들이 살 때는 취득세 내요. 지목변경하면 양도소득세 냅니다. 아들한테 각하가 또 살 거 아닙니까? 또 취득세를 내야 해요. 계산해보니 총 6번의 세금을 내야 합니다. 아들이 돈을 빌려서 이자도 몇 백만 원씩 내야 해요.

김용민 월 250만 원.

김어준 이걸 왜 이렇게 복잡하게 했냐는 거예요. 들키지 않았다면 세금으로 땅을 많이 확보해서 아들한테 편법 상속을 하려고 한 거 아니냐는 의혹을 제기할 만한 증거가 되지 않습니까?

홍준표 김어준 총수의 말씀이 일리가 있습니다. 그걸 소위 세제상 점프라고 합니다. 한 단계 건너뛰는 거. 대통령이 지시를 했겠습니까? 참모 중에 누군가 실무를 하면서 그렇게 했겠죠.

김어준 그것도 말이 안 됩니다. 아들이 민간인이에요. 민간인이 경호실에 지시했을 리 없지. 아들이 무슨 힘이 있어. 자신의 사저를 아들 명의로 하겠다는 건 대통령 자신만 결정할 수 있죠.

주진우 시형 씨한테 제가 "사실 집을 사신 거죠?" 하고 물었더니 "네"

내곡동 땅과 관련한 제 입장은 이렇습니다. 조금 잘못된 것 같다. 즉각 시정 요구를 했습니다. 과거에 여당 대표가 대통령과 직접 관련되는 문제의 시정을 요구한 예가 없습니다.

그러더라고요. 그리고 "용도변경이 진행되는 걸로 알고 있는데 문제 있는 거 아닙니까?"라고 물었더니 그 부분도 알고 있더라고요.

홍준표 내곡동 땅과 관련한 제 입장은 이렇습니다. 조금 잘못된 것 같다. 즉각 시정 요구를 했습니다. 과거에 여당 대표가 대통령과 직접 관련되는 문제의 시정을 요구한 예가 없습니다.

김어준 저희 판단은 이렇습니다. 대통령이 나랏돈으로 아들 땅을 사주려고 한 거다. 이건 세금을 동원해서 편법 유산상속을 한 거다. 편법 유산상속의 세계 신기원을 이룩한 것이다. 한 가지만 더. 대표님이 대통령은 잘 몰랐을 거라고 했잖아요? 대통령 사저 땅을 청와대가 대통령 몰래 샀다는 이야기잖아요. 대표님 말씀에 따르면?

홍준표 그럴 수도 있죠.

주진우 이시형 씨가 산 땅 뒤쪽에 예비군 훈련장이 있어요. 제가 거기 갔을 때 별들이 왔다 갔다 했습니다. 어제도 별들이 여러 번 와서 반짝반짝했습니다. 경호상의 문제를 떠나서 저희가 보기엔 예비군 훈련장 이전할 것 같아요. 그리고 그 몇 백 미터 옆에 이상득 전 국회부의장의 땅이 많이 있습니다.

홍준표 그건 〈한겨레〉에서 봤는데, 1979년에 산 걸로 나와 있던데.

주진우 1979년에 샀든 1969년에 샀든 지금 허가가 풀리면 큰돈을 벌 수 있습니다.

홍준표 1979년 같으면 지금 거의 30년이 넘었죠. 30년 전에 그린벨트 풀릴 걸 생각하고 샀겠습니까?

주진우 아니요. 지금 풀리는 게 중요하죠. 인터체인지도 옮기고요.

김어준 30년 된 걸 동생이 대통령이 되어서 풀어준다는 거예요.

홍준표 에이, 대통령이 그런 걸 지시했겠어.

- 이상 23회(2011년 10월 15일 방송)

각하의 유체이탈 화법

김어준 지금 각하께서 내곡동 사저 문제와 관련해 실무자 자르고 논현동으로 돌아가는 걸로 '퉁'치려고 해요. 절대 안 되지. 이게 벌써 5개월 전의 거래예요. 안 들켰으면 그냥 갔지.

정봉주 매각 계약서 공개해야 돼요.

김어준 소매치기가 5개월 전에 소매치기 하고 5개월 뒤에 잡혀서 '돈 돌려줄게' 하면 무죈가?

주진우 '본의 아니게 사저 문제로 많은 사람들에게 걱정을 끼치게 되어 대단히 안타깝게 생각한다'라고 했는데,

김어준 이게 대체 누구 대본이야?

주진우 이명박 대통령이 수석비서관을 통해서 했다는 이야긴데, 본인이 위법 행위를 한 걸 객관화해서 그러니까 제3자가 돼서, 누가 했는

대통령 아들은 싸게 사고 대통령실은 비싸게 사지 않았습니까? 각하의 아들은 적어도 10억 원 이상의 시세차익을 얻고 경호실에서는, 국가에서는 손실을 보았습니다.

지 모르는데 '유감스럽다' '안타깝게 생각한다'고 남이 한 것처럼 말씀하시지 않습니까?

김어준 지난번에 제가 말씀드리지 않았습니까? 그것이 유체이탈 화법이라고.

주진우 대통령 아들은 싸게 사고 대통령실은 비싸게 사지 않았습니까? 각하의 아들은 적어도 10억 원 이상의 시세차익을 얻고 경호실에서는, 국가에서는 손실을 보았습니다.

정봉주 경호실은 시형 씨가 번 것만큼 손실을 본 거죠?

주진우 정확하게 그렇죠. 민주당에서 임태희 대통령실장과 청와대 관계자들을 업무상 배임으로 고발하려고 하는데 너무 약하고, '업무상 특정범죄 가중처벌 등에 관한 법률 5조'에 나와 있습니다. '5억 원 이상의 국가 손실을 입혔을 때는 국가금 손실 죄로 징역 5년 이상'이라고 돼 있습니다. 그리고 친척한테 6억 원을 빌렸다고 하는데,

정봉주 6억 원은 김윤옥 여사 재산을 담보로 해서 땡긴 돈이고, 친척에게서 빌렸다고 주장한 건 5억 2천만 원입니다.

주진우 내곡동 일은 공적인 것이므로 5억 원에 대해 밝혀야 합니다. 제가 보기엔 은행과 돈 거래가 있었다고 둘러댈 것 같은데, 돈 거래 없었을걸요? 현찰로 줬다고 말할 가능성도 있지만, 이거 곧이곧대로

믿기 어렵습니다. 각하나 아드님은 돈이 많은 양반들 아닙니까?

정봉주 빌렸다면 그 내역을 밝히라고 해야 한다?

주진우 밝히라고 해야 합니다. 그리고 또 하나, 사저를 담보로 아들이 대출을 받지 않았습니까? 농협 청와대 지점에서?

김용민 논현동 사저를 담보로?

건물은 각하 명의, 앞마당은 여사 명의

주진우 논현동 사저 건물은 각하 명의이고 앞마당은 여사님 명의인데 앞마당을 담보로 돈을 빌렸어요.

김어준 (푸하하) 앞마당을 담보로? 이거 죽인다. 처음 들어보는 거야.

주진우 사저는 건드리지 않고 앞마당을 담보로 했거든요. 각하 부부가 왜 명의를 나누셨는지를 정확히 밝혀줬으면 합니다. 앞마당을 담보로 대출을 받았다면 김윤옥 여사가 담보 대출 서류에 사인을 해야 합니다. 그렇죠?

정봉주 정확하게 표현하면, 엄마 김윤옥 여사가 담보 제공자, 이시형 씨가 차주(차용의 주인).

김용민 그런데 대통령은 몰랐다는 거 아니에요?

김어준 그렇죠. 그럼 청와대와 엄마와 아들이 아버지를 속였단 거야.

주진우 여기에도 음모가 있어.

김어준 문제는 대통령이야.

정봉주 오늘 주진우 기자의 발언 내용도 좋은데 나한테 보고하듯이

계속 나를 보고 이야기하니까 기분이 좋아요. (칼칼칼)

김어준 큰일 났어, 우리 의원님. 정신상태가 공중부양이야. (푸하하)

정봉주 계속 보고해.

주진우 각하, 대출 증명서 내놓으면 우리도 조용히 할게요. 하나만 더 짚겠습니다. 5년 전, 각하가 서울시장 시절에 그린벨트가 풀려서 한정식집 수양이 생겼습니다. 50대 후반의 유아무개 씨가 여사장인데, 이 분이 그린벨트 안에 한정식집을 지은 과정도 정확히 따져봐야 합니다. 유씨가 박아무개 씨한테서 토지를 증여받았는데 박아무개 씨가 서울시정개발연구원에 근무 중인 것으로 알고 있습니다. 백용호 정책실장을 비롯해서 많은 사람이, 특히 각하의 핵심 참모들이 서울시정개발연구원을 거쳤고, 지금도 각하의 심복 여럿이 그곳에 남아 있습니다. 5년 전 그린벨트가 풀렸고 이번에 각하께서 온 겁니다.

정봉주 냄새가 납니다. 도곡동 땅과 유사해.

김어준 기획부동산 느낌이 나.

내곡동에 MB 타운을 건설하려는 꼼수였나

주진우 한 달 전부터 내곡동 땅을 보러 다녔는데, 6개월 전에 내곡동 주변에 MB 타운이 생긴다는 이야기를 들었어요. 시형 씨가 산 땅이 산에 있는데 그 산을 넘어가면 예비군 훈련장이 있습니다. 대통령 사저가 들어오거나 중요한 시설이 들어오면 예비군 훈련장이 이전됩니다. 그리고 주변에 MB 친인척의 땅이 많다는 소리를 들었어요.

김어준 제가 보기에 어버이연합에서 올해의 어버이 상을 각하께 드려야 할 것 같아요. 우리 각하가 얼마나 지혜로워. 그리고 영부인께서 풍수지리를 보면서 땅을 보러 다니셨죠.

주진우 할렐루야 하시면서 보러 다니셨죠.

김용민 김윤옥 여사님은 뭐랄까 다문화, 다종교에 상당한 신념을 갖고 계세요. 지난 선거 때 연화심이라는 법명을 받으셨잖아요. 불교와 개신교의 벽을 허무는 화합의 실천을 이루시는 김 권사님.

정봉주 풍수지리를 보면 청와대가 보이는 인왕산이 수상이고 관악산이 화상이라고 하잖아요. 그래서 자기는 물하고 잘 맞는다고 해서 서울시장 재직 시절에 관악구 행사를 그렇게 안 가려고 했다는…….

- 이상 24회(2011년 10월 19일 방송)

저축은행은 각하의 '울트라 빅 보험'

각하와 박근혜, 삼화저축은행 비리로 만나다

정봉주 삼화저축은행 건을 캐야 합니다.

김어준 핵심적인 사건이죠.

정봉주 삼화저축은행 사건을 매개로 친이와 친박이 서로 상대방의 결정적 결점을 쥐고 있기 때문에, 친이와 친박, 이명박 각하와 박근혜 전 대표는 둘이 같이 갑니다. 양측이 서로 등을 돌리고 적대할 줄 알았더니 비리의 철학적 공유와 공감으로 묶였어요.

주진우 2011년 상반기에 있었던 모든 사건 중에 가장 중요한 사건을 꼽으라면 삼화저축은행과 위키리크스를 꼽겠습니다. 하나 꼽으라면 삼화저축은행을 꼽겠습니다.

정봉주 전체 그림은 이미 나왔어요. 제 머릿속에서 나왔고 다만 입으로 말하지 않았을 뿐인데 너무 두려워요. 사건이 커서. 그래서 제가 주진우 기자한테 집중적으로 취재를 하자고 했어요. 이 소스는 민주당 의원들이 부분적으로 다 갖고 있는 거예요.

김어준 보통 현장에 있는 분들이 잘하지 못하는 게 뭐냐면 다뤄지는 정보의 단편들만 가지고, 그 팩트만 확인하는 것으로 끝내요. 정보와 정보의 연결망을 따져서 어떤 그림과 프레임이 숨어 있는지를 봐야 하는데.

정봉주 삼화저축은행 비리는 한 의원이 쟁쟁한 보좌관 네댓 명으로 한 팀을 짜서 움직이면 이 정권이 끝날 때까지 다 캐낼 수 있습니다. 이건 고구마 줄기예요.

- 이상 19회(2011년 9월 16일 방송)

각하의 노후 보장을 위해?

김어준 7조 원짜리 저축은행 사건도 결국 큰 그림에서 보면 각하의 노후 보장,

정봉주 그렇죠. 이건 제일 확실한 노후 보장 사건입니다.

김어준 대형 사건은 늘 전지적 각하 시점에서 봐야 한다는 거죠.

정봉주 저축은행 사건이 지금 시점에서 블랙홀입니다. 모든 국내 사건을 다 빨아들여요. 저축은행 사건을 세게 치고 나가면 국내의 다른 사건은 잊히고, 저축은행 사건을 죽이면 다른 사건이 떠오르고. 이번에 금감원에서 저축은행 11곳을 검찰에 고발했잖아요. 고발하자마자 다음날 기다렸다는 듯이 합동수사단을 꾸립니다. 여기에 관여

하는 사람이 140명이라고 해요. 이게 2001년 공적자금 비리 합동수사반과 비슷해요. 중요한 건 2011년 1월, 2월에 부산저축은행과 삼화저축은행 등 8곳에 영업정지 명령을 내렸을 때, 검찰 중수부가 부산저축은행만 수사하고 삼화저축은행은 수사를 안 했습니다.

주진우 금융조사부에서 거의 접었습니다. 금융조사부에서 삼화저축은행이 가장 중요하다고 하지 않았습니까. 금융조사부에서 이건 접고 대신 연예인 강호동 씨 잡으려다가 지금은 다른 데로 갔습니다.

정봉주 검찰 합수단에서 수사의 초점을 불법대출, 부패·비리로 잡았어요. 만약 임직원들의 비리로 번지게 되면, 감독기관의 감사를 무마하고 정치권에 검은 돈을 댄 대형 비리로 연결될 수 있는 거죠. 정치권 비리로 끌고 갈 거냐, 끌고 가지 않을 것이냐는 자기들 마음대로입니다.

김어준 그 정도 인원이 수사에 투입된다면 검찰총장이 올인하는 거고 그렇다는 건 곧 각하가 올인하는 거라고 봐야죠.

정봉주 그렇죠.

주진우 지금 다 그쪽으로 갔어요.

정봉주 검찰 사상 최고의 수사단을 꾸린 거예요. 저축은행이 왜 블랙홀이냐면, 피해자들이 너무 많은데다가, 불똥이 나머지 80~90개 저축은행으로 번질 수 있는 상황이에요. 이번에 수도권을 중심으로 저축은행 사건을 터트리면서 몇 가지 효과가 나타나는데, 첫 번째는, 부산저축은행과 삼화저축은행이 잊힙니다. 부산저축은행을 잘 보셔야 하는데 김두우 청와대 홍보수석이 걸렸고, 그다음에 홍보수석인 홍상표가 돈 받았다고 해서 걸려들었죠. 부산저축은행은 로비스트인 박태규 씨가 포스텍에 로비를 해서 500억 원을 끌어오고, 삼성꿈나무장학재단에서 500억 원을 끌어왔죠. 그럼 1천억 원을 끌어온 겁니다. 곧 영업정지가 되는 부산저축은행에 1천억 원이 투자됐어요. 2011년 6~7월에 여의도에서는 부산저축은행에 대통령 형인 이상득 의원이 연계되어 있다는 소문이 돌았어요.

주진우 구체적인 액수까지 돌았죠.

정봉주 내사가 진행되다가 소환 여부를 두고 청와대와 충돌이 있었다는 소문도 있었습니다.

주진우 기자의 말이 설득력이 있는 게 이상득 의원이 포항을 지역구로 두고 있지 않습니까? 포스텍은 포항에 있잖아요. 부산저축은행을 보면 비리의 두 가지 축이 있어요. 측근 비리가 있고 친인척 비리가 있습니다. 친인척 비리가 훨씬 세죠. 지금 김두우 잡아들이고 홍상표 기소하는 건 측근 비리입니다. 청와대 수석까지 연루되어서 청와대가 패닉 상태에 빠졌다고 보도하는데 다 뻥이죠. 청와대는 기쁜 거죠.

'내가 다 쥐고 있다. 안 깔 테니 조용히 하라'

김어준 청와대는 그런 거야. 특히 보수 언론을 잘 보시면 청와대 홍보수석 뇌물 수수 사건이 터지자 '설마 설마했는데 솔직히 믿기 어렵다' '청와대 혼란스럽다'라고 보도하는데 다 개뻥이에요. 우리 각하

안 혼란스러워. 이 사건을 가지고 진보 진영에서는 레임덕 어쩌고 합니다. 아니죠. 절대 아니고. 우리 각하께서 앞으로 취하실 액션, 그러니까 '나는 내 팔도 이렇게 자른다' '내가 앞으로 하는 일은 대단히 공정한 일이다.' 이런 걸 깔아놓고 '그레이트 엿 작전'을 시작할 겁니다. 그걸 말씀하시려는 거잖아요.

정봉주 그렇죠. 실제적으로 부산저축은행 사건의 경우 측근을 자른다면서 이상득 지키기에 들어간 거죠. 그런데 수도권 저축은행 사건이 워낙 세게 터지다 보니까, 자산 규모 11조 원 아닙니까. 이 사건이 커질수록 삼화저축은행은 잊힙니다. 수도권 저축은행 사건의 다른 핵심은 정치권 비리로 번질 수 있다는 점이에요. 그리고 이 수사는 이미 거의 종결됐다고 보면 됩니다. 이 사건을 잡고 있은 지 2년이 됐거든요. '강원도 도민저축은행에는 민주당 아무개 의원이 연루되어 있다' '전주저축은행은 아무개가 연루되어 있다'라는 설이 검찰에서 계속 나옵니다. 이미 명단도 다 확보했죠. 저축은행을 통해서 정치권 비리에 연루된 사람들의 명단을 확보해놓고 검찰에서 아주 재미있는 발표를 해요. '선거정국을 둘러싼 부패와 비리에 엄정히 대처하겠다.'

김어준 너무 속내를 드러낸 거 아냐?

정봉주 이러자 친박 혹은 친이 안에서 대통령 탈당하라고 주장하던 사람들은 싹 들어갔잖아요. '너희들 어디에서 무슨 비리를 저질렀는지 검찰에서 이미 다 확보하고 있으니 총선 들어가면서 입조심해라. 야당 큰소리치지 마라.' 정봉주 빼놓고. 이런 거죠.

권력의 진짜 힘은 깔 놈을 안 깔 때 생기는 겁니다. 깔 걸 안 까면 입을 다물고 찌그러집니다. 저축은행 사건이 바로 그런 종류의 권력을 쓰는 데 이용되는 거죠. '내가 다 쥐고 있다. 안 깔 테니까 조용히 하라.' 친박이고 친이고 야권이고 다 물려서 입 다물게 하려는 우리 각하의 놀라운 전지적 각하 시점.

김어준 권력의 진짜 힘은 깔 놈을 안 깔 때 생기는 겁니다. 깔 걸 안 까면 입을 다물고 찌그러집니다. 저축은행 사건이 바로 그런 종류의 권력을 쓰는 데 이용되는 거죠. '내가 다 쥐고 있다. 안 깔 테니까 조용히 하라.' 친박이고 친이고 야권이고 다 물려서 입 다물게 하려는 우리 각하의 놀라운 전지적 각하 시점. 각하는 아무도 안 믿는 분이잖아요. 홀연히 홀로 일어서신 분 아닙니까. 박근혜 전 대표를 못 믿어요. 절대 못 믿죠.

정봉주 우리가 한 발 더 나아가줘야 해요. 부산저축은행 때문에 은진수 감사위원이 구속됐어요. BBK의 총기획단장이었습니다. 김두우, 홍상표 모두 청와대 수석입니다. 청와대 수석이 비리에 연루되어 있으면 한나라당에서 '대통령 사과하라, 청와대 입장 밝혀라, 청와대 때문에 점수 깎이고 있으니 대통령은 중립을 지키면서 탈당하라.' 이런 이야기가 당연히 나와야 하는데 안 나오고 있잖아요.

김어준 제가 항상 이야기하지 않습니까. 한나라당이 그레이트 엿을 먹고 있다고요.

왜 삼화저축은행을 감싸는가

정봉주 왜 권재진 법무부장관과 한상대 검찰총장을 전면에 세웠는지 알 수 있는 거죠. 저축은행을 통해서 정치인들 명단이 확보되었죠. 2012년 4월 11일 총선까지 각하는 공천을 쥐고 흔들 수도 있고, 또 친박이나 친이 중에서 '저 놈 날려야겠다'고 생각하면 검찰에서 슬금슬금 이름을 흘리면서 '소환이 임박했다'고 하면 되거든요. 비리에 연루되었을 개연성이 있는 사람에게 공천을 줄 수 없다면 그만이니까요. 공천까지 좌우할 카드가 저축은행이죠. 그럼 문제는? 왜 삼화저축은행을 감싸고 가려주느냐?

김어준 삼화저축은행에 누가 연루되어 있길래?

정봉주 삼화저축은행을 매개로, 부패를 매개로 친이와 친박이 한 식구가 된 겁니다.

김어준 일단 각하께서 친이와 친박의 손발을 다 묶어서 한 곳에 같이 버려놓은 거예요. 왜? 우리 각하의 노후 보장을 위해서. 그림을 그리려고 하겠죠.

정봉주 신삼길 삼화저축은행 명예회장이 구속됐어요. 신삼길 명예회장이 박지만과 절친한 관계입니다.

김어준 거기에서 박근혜 쪽으로 연결이 됩니다.

정봉주 박근혜 쪽으로 연결이 되고 삼화저축은행의 자문변호사가 서향희.

주진우 박지만의 와이프. 가장 문제가 있을 때 2년 동안 법률 자문을 했습니다.

정봉주 여기에서 홍준표 대표와 연결이 됩니다. 우리가 자원외교 때 문제의 인물로 봤던 KMDC 이영수 회장과 박지만이 연계가 됩니다. 박지만의 비서실장이 이영수가 하는 격투기 단체의 이사로 들어가요. 정용희라는 사람인데 이를 매개로 이영수와 박지만이 연결됩니다. 이영수는 홍준표와 어떻게 연결이 되느냐. 이영수와 홍준표가 2010년 5월에 미얀마에 갔었다는 거 아니에요? 그리고 2010년 12월 박영준이 미얀마 산자부장관을 만나서 'KMDC에 천연가스 줘라' 했다는 거 아니에요? 이영수는 태권도 선수 출신이에요. 대통령 경호를 담당했었고. 홍준표는 대한태권도협회 회장입니다. 이영수 뒤에는 박영준이 있어요. 박영준은 이상득 의원 보좌관 출신. 여기에서 박지만 측과 대통령 형 측이 또 한 축으로 묶이는 거예요.

각하만 연루되면 수사 중단, BBK 때와 똑같아

주진우 금융조사부에서 이철수라는 주요 피의자가 튀었다고 조사를 안 하고 있습니다. 나머지 저축은행 사건은 사실상 이명박 대통령 형과의 관계를 파헤치는 게 핵심인데 여기에 대해서는 외면하고 있습니다. 저축은행에 돈을 맡기는 사람들이 시장 할머니들 아니면 중소상인들인데 이자가 시중은행보다 0.5~1퍼센트 포인트 높습니다. 일 년에 몇 십만 원입니다. 몇 십만 원 더 받으려고 저축은행에 돈을 맡깁니다. 저축은행은 아예 그 사람들을 목표로 하기 때문에 시장이나

2006년에 김경준이 미국으로 튀고 나니까 금감원과 검찰이 BBK 사건 수사를 잠정 종결했잖아요. 그때도 BBK 사건에 각하께서 연루되었다는 이야기가 나왔어요. 지금 사건과 똑같거든요. 삼화만 집어내면 친박, 친이의 부정의 고리, 대통령 친인척 비리가 줄줄이 다 나와요.

서민층이 밀집한 지역에 있습니다. 그런 저축은행에서 돈을 빼주고 빼먹고, 수사를 막기 위해서 로비를 하고 있는데 이런 고리가 하나도 안 나옵니다.

정봉주 삼화저축은행은 두 축이에요. 신삼길 명예회장이 구속됐거든요. 구속되면 입을 막아버리는 거 아니에요. 그분도 소망교회 다닙니다. 이철수가 핵심 로비스트인데 지금 지명수배됐기 때문에 이 사건 수사를 잠정 중단한다고 해요. 2006년에 김경준이 미국으로 튀고 나니까 금감원과 검찰이 BBK 사건 수사를 잠정 종결했잖아요. 그때도 BBK 사건에 각하께서 연루되었다는 이야기가 나왔어요. 지금 사건과 똑같거든요. 삼화만 집어내면 친박, 친이의 부정의 고리, 대통령 친인척 비리가 줄줄이 다 나와요.

김어준 저축은행 건은 각하의 퇴임 이후를 위한 울트라 빅 보험이에요. 우리 각하가 아무도 믿지 않기 때문에 노후 보장을 위해서 앞으로 여러 가지 그레이트 작전을 펼치실 텐데, 각하는 보수의 편도 아니고 한나라당의 편도 아니고 오로지 각하 편이라는 걸 알아야 합니다. 각하는 오로지 각하 편이고, 그런 와중에 각하와 한나라당 박근혜 전 대표 간에 물고 물리는 그레이트 울트라 엿 배틀이 펼쳐질 것이다.

- 이상 20회(2011년 9월 23일 방송)

거물 로비스트 박태규

정봉주 박태규 이야기로 넘어가야 합니다.

김어준 저축은행 건입니다.

정봉주 저축은행 중에서도 삼화저축은행은 현 정권의 비리가 백화점으로 연결된 곳입니다. 박태규는 부산저축은행 관련 로비스트죠.

주진우 박태규는 우리가 한 번 언급한 적이 있는데, 이 분이 장자연 씨 리스트에 나옵니다. 장자연을 성 접대시킨 김종승 씨의 비서 심아무개 씨가 작성한 스케줄표에 '2008년 7월 17일 조선일보 사장 오찬'이라고 기재되어 있습니다.

김용민 모 일간지가 〈조선일보〉였어요?

주진우 김씨의 주소록에 '하이텍스 텔레콤 박태규'라고 나왔고, 〈조선일보〉 사장을 소개했다고 나옵니다. 이 부분은 중요한 내용이어서 경찰이 박태규 씨를 불러서 참고인 조사를 했습니다. 물론 혐의를 밝히진 않았습니다. 〈조선일보〉 방상훈 사장한테도 이걸 물어봅니다. 그때 조서 내용 두 줄 읽겠습니다. '피의자는 박태규를 알고 있는가요?' '저는 모르는 사람입니다.' '박태규는 전혀 모르는 사람인가요?' '예, 전혀 모르는 사람입니다.' 끝. 경찰은 더 이상 아무것도 묻지 않았습니다.

정봉주 그때 박태규 회장을 불러서 '김종승 사장을 아느냐?' '〈조선일보〉 방 사장을 아느냐?' '장 사장을 아느냐?' '네 사람이 같이 있었던 적이 있느냐?' 이렇게 물어봅니다. 박씨는 '내가 〈조선일보〉 사장을 어떻게 아느냐?'라고 말합니다. 그러고 나서 측근들에게 '참으로 곤란한 일이 생겼다'고 말한 뒤 집에 들어가지 않습니다. 검찰이 박태규 씨를 샅샅이 조사했지만 스텝이 엉켰어요. 박태규가 김두우를 청와대 홍보수석이 될 수 있도록 도왔잖아요? 이 사람들 입장에선 김두우 구속되는 걸로 상황이 종결됐어야 하는 거예요. 은진수는 이미 구속되었죠. 이 사람들 줄줄이 구속되면서 상황이 종결돼야 하는데 종결되지 않고 커지고 있습니다. 박태규 씨를 조사하는데 안상수, 김문수, 김경환(전 법무부장관)이 나와요.

김용민 그리고 동관이형(이동관 청와대 전 홍보수석).

정봉주 그분은 지금 전면적으로 조사가 안 됐는데, 말 나온 사람들이 현역 정치인 중에서 위력적인 분들이에요. 그런데 이 박태규란 사람이 얼마나 치밀하냐면 전화할 때도 사람 풀네임을 말한 적이 한 번도 없습니다. 중요한 통화는 늘 공중전화를 사용합니다.

김어준 훌륭한데?

정봉주 로비스트 경력이 37년인데 로비스트로서는 완벽한 사람이죠. 첫 번째로 주의할 것은 단독범행이 아니란 겁니다.

주진우 항상 누군가를 데리고…….

정봉주 누군가를 데리고 다니는데 하수인이 있을 뿐 아니라 박씨와 비슷한 레벨의 로비스트가 한 명 더 끼어 있어요. 그러지 않고는 그림이 안 나올 정도로 매우 광범위하게 발이 뻗쳐 있거든요. 또 다른 로비스트 공범이 있습니다. 그리고 박태규가 늘 데리고 다니던 언론사 출신의 젊은 친구는 지금 잠수를 탔습니다. 여기서 이름은 밝힐 수 없지만 조모 씨로 검찰은 알고 있습니다.

김용민 조갑제? (킬킬킬)

안상수·김문수가 로비스트를 '접대'한 이유

정봉주 외자입니다. 그 친구가 잠수를 탔는데 이 친구를 찾으면 많은 내용이 나와요. 박태규 씨가 한나라당 안상수 대표를 주로 요정에서 만났는데, 안 대표는 한사코 부인합니다.

주진우 그렇죠. 부인하죠.

정봉주 김경환 전 법무부장관도 부인해요. 김경환 전 장관은 차에서 내려서 한강 둔치에서 두세 시간씩 걸으면서 이야기합니다. CCTV에도 찍히지 않고 어디에서도 도청을 할 수 없는 곳에서 이야기해요. 안상수, 김문수 두 분도 부인하는데, 안상수 대표가 박태규 씨와 함께 신문사 편집국장들과 술을 마셨어요. 지금 언론사에선 다 알고 있는 내용이에요.

주진우 신문사가 몰려 있는 광화문 주변에 있는 고급 한정식집.

정봉주 박태규가 로비스트거든요. 그럼 같이 술을 마시면 어느 쪽이 부탁을 하겠어요? 박태규 아닙니까? 그럼 술값을 누가 내야 합니까?

주진우 박태규가 내야죠.

정봉주 박태규가 내야죠. 그런데 안상수 대표하고 박태규가 만나면 안상수 대표 측에서 술값을 계산하는 거예요. 김문수 경기도지사는 박씨를 코리아나 호텔, 플라자 호텔에서 만났거든요. 요정에도 갔죠. 자주 만났다는 겁니다. 박씨는 망해가는 부산저축은행에 1천억 원을 끌어오는 로비를 했어요. 삼성꿈나무재단으로부터 500억 원, 포스텍으로부터 500억 원을 유치했죠. 삼성은 세 차례나 방문했습니다. 웬만한 언론사도 세 차례 방문했다고 하죠. 한 차례는 서류를 들고 갔고 두 차례는 그냥 방문을 했다잖아요. 삼성에 로비를 했는데 삼성이 그냥 돈을 내겠습니까. 정치권에서 압력이 들이가야 삼성이 부산저축은행에 돈을 대는 거 아니겠어요. 그럼 박태규가 안상수한테든 김문수한테든 부탁을 했을 텐데, 도리어 안상수하고 김문수 측에서 박씨에게 술을 사는 거예요. 그래서 당시 여의도에서 소문이 돌았어요. 안상수 대표가 광주 5·18 묘역의 상석을 밟는 바람에 욕먹은 적이 있잖아요? 이때 기사를 축소하기 위해서 안상수 대표가 언론에 집중 로비를 할 때 그 로비스트가 박태규가 아니었겠느냐는 거죠. 그럴 정도로 박태규한테 부탁할 게 있었다는 거예요. 박태규는 또 삼성을 움직여주길 바란 거고요.

그런데 이상한 게 있어요. 박태규와 마신 술값을 안상수가 당의 법인카드로 계산했다는 겁니다. 당의 법인카드로 술을 사면 흔적이 남거든요. 김문수 측에서도 도지사 법인카드를 썼다는 거 아니에요. 왜 이 분들이 술을 샀을까? 이 과정을 추적해 들어가야 해요. 박씨는 엄기영을 강원도지사로 만들려고 강원도를 두세 차례 방문해요. 그는 어떤 사람을 제대로 된 정치인으로 키운 뒤 그 정치인을 로비 창구로 쓰는 거예요. 아주 멀리 내다보면서 포석을 까는 데도 능한 사람이기 때문에 김문수를 대권주자로 만드는 프로젝트를 구상해서 지속적으로 만났을 수 있죠. 김문수가 '나를 대권주자로 만들어줘라' 하면서 술을 샀을 수도 있다는 거죠. 정치권에 로비를 해 삼성에서 돈이 나오게 한 거 아니에요? 포스텍 쪽 검찰 수사 기록을 보면 포항에 지역구를 둔 이상득 의원을 청와대 반발로 소환하지 못했다는 거예요. 5월, 6월의 일이죠. 검찰 수사 기록이 너무 많이 나오면 의심하지 않을까?

주진우 괜찮아요.

포스텍에 로비한 제3의 인물은 누구?

김어준 박태규를 로비스트로 부리고 포스텍으로 하여금 부산저축은행에 500억 원을 꽂도록 한 사람이 누구냐를 검찰이 밝혀내야 하는데 못 밝혀내고 있어요.

정봉주 로비한 걸 보면 삼성 측 로비는 추적선이 나오는데 포스텍은 선이 전혀 안 나옵니다.

김어준 한쪽 수사는 됐는데 이쪽 수사는 막혔다? 누구 때문에 막히고 있을까?

정봉주 그렇죠. 검찰 수사 기록을 보면 삼성에 로비한 흔적은 있는데 포스텍과 접촉하고 포스텍에 로비한 흔적은 하나도 없어요.

주진우 왜 없을까요?

정봉주 포스텍은 이 사람이 아닌 제3의 인물이 로비를 했다는 겁니다.

김어준 그 수사를 검찰이 안 하고 있는 거죠? 검찰이 수사를 못하게 만드는 권력을 가진 누군가가……

정봉주 여기서부터는 소설이나 추정이 될 수 있는데, 포스텍이 부산저축은행에 500억 원을 꽂는 데 영향력을 발휘한 혐의로 이상득 의원을 소환해서 조사해야 한다는 말이 검찰 내부에서 돌았단 말이에요. 검찰 출입기자들 입에서 나온 말이잖아요.

주진우 그때 검찰에서 이상득 의원을 소환하려고 해서 실제로 갈등이 컸습니다.

정봉주 청와대와 갈등이 있었다는 소문이 돌았거든요.

김어준 언론사 정치부에선 다 돌았던 이야기죠.

정봉주 그럼 포스텍에 로비한 실체는 따로 있다. 이게 핵심인 겁니다. 박태규는 포스텍에 로비를 하지 않고도 7억 원을 받았어. 만약 누군가 비슷한 로비를 했다면 그 사람도 7억 원을 받지 않았겠느냐.

김어준 7억 원은 로비스트가 가져간 것이고 실제 500억 원을 쏘게 만든 실체가 누구냐? 검찰도 수사하지 못하고 있는 실체가 누구냐가 핵심인 것 아닙니까?

정봉주 1천억 원을 죽어가는 저축은행에 쏴줬잖아요.

주진우 이건 7억 원으로는 안 됩니다. 저축은행 부당 대출하는 걸 보면 마지막에 쏴주는 1천억 원의 반은 거의 커미션으로 봐도 됩니다.

정봉주 진짜 반띵 정신이 살아나는 거예요.

김어준 반띵은 누가 받아갔을까?

김용민 우리 각하는 아닌데.

정봉주 이러한 일이 가려져 있기 때문에 안상수, 김문수, 이런 분들이 박태규를 만난 사실을 철저히 부인하고 있는 거죠.

- 이상 22회(2011년 10월 9일 방송)

김경준 빼돌리기

미국에서 형을 산 기간을 인정해달라?

김어준 김경준이 인권위에 진정을 했어요. 미국에서 이미 3년 5개월간 구금됐는데 한국에서 그 기간을 인정해주지 않아서 너무 오래 감옥에 있다는 거예요. 8년 형기 중에서 3년 5개월을 빼달라는 거죠. 굉장히 신선한 작전이에요. 원래 에리카 김이 들어오고, 김경준은 미국으로 추방하는 걸로 '퉁'했을 것이다, 라고 추정했잖아요? 국제 수용자 이송법 개정한 것도 우리가 밝혀냈잖아요? 그런데 그 꼼수를 이제 못 쓰는 거야.

주진우 그걸 못해서 이런 수순 밟기를 하나?

김어준 그렇죠. BBK 대응책을 연구한 거죠. 2009년 헌법재판소가 '미결 상태에서 구금은 형기로 인정해줘야 한다'라고 했어요. 여기에서 힌트를 얻은 거야.

정봉주 꼼수죠.

김어준 방송사 중에서 KBS만 보도를 했습니다. '해외 구금이 (형기에) 포함되지 않는데 이건 문제다'라고. 그러니까 구금 기간 인정해줘야 한다고.

김용민 김경준을 언급하면서?

김어준 물론이죠.

주진우 언론이 너무하네요.

정봉주 미국에서 형을 산 것을 포함시켜야 한다는 것은 간을 보려고 잽을 날린 거고, 현재 우리 각하 정권은 '절대로 그럴 리 없다'는 것을 상징적으로 보여주는 사건이 있습니다. 2010년과 2011년 김경준이 형 순서 변경 신청을 해요. 우리가 예측했던 거죠. 지금 벌금액이 100억 원인데, 하루에 2천만 원입니다. 그래서 500일을 상정해줬어요. 2년이 채 안 됩니다. 1년 반쯤 됩니다. 100억 원 벌금을 500일을 상정해서 살아야 해요. 우리나라에서 사기죄로 들어간 사람은 노역형을 살아요. 노역형을 징역형으로 바꿔달라고 신청하면 탈락률이 10퍼센트가 안 됩니다. 다 들어줘요. 유독 김경준만 지금 3번이나 탈락을 시켜요. 올해(2011년)도 탈락했어요. '정부가 형의 순서를 바꿔서 미국으로 송환시키려 한다'라는 우리의 예언을 들은 거죠. 그래서 다른 방법을 생각한 거예요.

김어준 사람들이 보통 8년 복역하고 또 노역형 500일을 살아야 하는 줄 아는데 그게 아니고 8년에서 500일을 먼저 까달라는 거죠. 그거 신청하면 받아주는데, 우리가 계속 그렇게 할 거라고 방송했잖아요.

그래서 못 받아주는 거죠.

정봉주 꼼수가 드러났다고 보는 거죠.

김어준 그래서 생각해낸 꼼수가 이거예요.

정봉주 미국에서 형을 산 걸 인정해줘라.

김어준 인권위에 진정을 하면 석 달 내에 조사가 끝납니다. 그러니까 2012년 1월까지는 결과가 나와요. 만약에 미국에서 복역한 3년 5개월이 인정되고, 김경준이 한국에서 2007년 12월 18일에 구속됐으니까 2011년 12월이면 한국에서 복역한 기간만 만 4년이 된단 말이죠. 그렇죠?

정봉주 거기다가 미국에서 3년 5개월을 살았으니까,

김어준 그렇죠. 7년 5개월이 되는 거예요. 그럼 2012년 여름이면 만기 8년이 됩니다. 아마도 2012년 초에 보내려고 하지 않겠느냐.

각하 퇴임 전 김경준 가석방 프로젝트

정봉주 여기에서 한 발 더 나아가줘야 해요. 3년 5개월 산 걸 인정해주고, 형 순서도 변경해주면 곧 전체 형기의 80퍼센트를 채웁니다. 80퍼센트가 넘으면 가석방이 돼요. 2012년에 가석방 대상이 됩니다.

김어준 인권위가 권고를 하든 뭘 하든 보통 3개월이 걸리기 때문에 2012년 초에 나온다는 거죠. 왜냐하면 이게 스텝이거든요. 핑계죠. 인권위의 권고가 법적 구속력이나 강제력이 없음에도 불구하고 이런 스텝이라도 밟아서 어떻게든 우리 각하가 퇴임하기 전에 김경준을 미국에 보내려고 하는 거잖아요.

주진우 아시다시피 현 정부의 인권위는 우리가 인권위를 걱정해야 하는 상황 아닙니까. 그래서 각하의 생각과 입맛에 맞는 결정을 내려줄 가능성이 높습니다.

정봉주 가석방해줄 것 같아요. 왜냐하면 그냥 미국으로 송환하면 이게 국제적으로 큰 이슈가 됩니다. 미국은 범죄로 취득한 재산을 국가에서 전액 환수하게 되어 있어요. 김경준의 누나 에리카 김은 한국에 와서 기소중지되고 다 털었죠. 명예훼손도 걸지 않겠다고 해서 다 털었어요. 에리카는 미국에서도 한국에서도 횡령 및 주가 조작 혐의가 없다고 불기소 처분됐죠. 그녀의 재산은 범죄 행위로 얻은 것이 아니기 때문에 압수를 못합니다. 하지만 김경준은 소환되자마자 모든 재산이 압수될 위험이 있어요. 미국에서 복역한 기간 합산하고, 형 순서 바꿔 2012년에 가석방해주면 김경준은 미국에 있는 재산을 지킬 수 있어요.

김어준 2012년 초에 가석방 예상합니다.

정봉주 꼭 그때가 아니더라도 가석방으로 털 겁니다.

김어준 이 방송을 계속하면 가석방도 스텝이 꼬여서……. (푸하하)

김용민 가석방 말고 새로운 카드는 뭐가 있을까요?

김어준 나올 방법이 없어.

정봉주 송환 아니면 가석방 둘 중 하나예요.

주진우 세간의 의혹과 눈초리를 감수하면서 에리카 누나를 그렇게 아끼시는 걸까요?

정봉주 김경준과 에리카는 할 것 다 했거든요. 위험을 무릅쓰고 140억 원 다 토해냈잖아요. 다 끝났으니까 이제 압박은 각하께서 받는 거죠. 왜냐하면 이제 뭔가 해줘야 하니까.

김어준 그렇죠. 안 그러면 거꾸로 그쪽에서 뭘 터트릴지 몰라.

정봉주 이제 그쪽에서 억울함을 참지 못하고 터트리면 큰일 나거든.

김어준 만약에 정권이 바뀌었는데 김경준이 국내에 있으면 큰일 나는 거야.

정봉주 김경준만 덤비나요? 신명(BBK 가짜 편지 작성자)도 덤빌 텐데.

김용민 하여간 정권이 바뀌고 박근혜가 되든 누가 되든 간에,

김어준 박근혜가 되는 게 어떻게 정권이 바뀌는 거야!

김용민 누가 되든 간에 김경준하고 에리카 김이 영원히 입을 닫을까요?

정봉주 그 사람들이 입을 여는 순간에 스텝이 더 엉켜요. 나하고 주진우하고 김어준만 입 열면 돼.

주진우 영원히 닫히진 않겠죠.

정봉주 그 사람들이 너무 거짓말을 했기 때문에 사람들이 말을 안 믿어.

주진우 누구요? 저는 에리카 누나 말을 믿어요. 말하길 빌어요. 기다릴게. 전화번호 바뀌었더라. (수줍수줍)

– 이상 24회(2011년 10월 19일 방송)

론스타의 검은 머리 외국인

도대체 한국 금융위야, 론스타 금융위야

김어준 우리가 론스타에 검은 머리 외국인이 있는 것 같다고 여러 번 이야기했죠.

정봉주 하나은행이 론스타가 가진 외환은행 지분 41퍼센트를 사겠다고 한 거 아닙니까? 금융위원회(금융위)에서 매각 명령을 내렸고. 문제는 불법을 저지른 론스타가 가진 지분을 사는 데 주식 액면가로 사지 않고 프리미엄을 얹어서 2조 원가량을 론스타에 지급하도록 되어 있는 거 아니에요? 도대체 론스타가 뭔데 그 많은 돈을 얹어주냐 이거죠.

김어준 지금 외환은행 주가가 7천 원대인데 주당 1만 3천390원에 산다고 이미 계약을 했어요. 금융위가 론스타에 내린 징계는 이래요. '외환은행 주식 41퍼센트를 6개월 이내에 팔라. 팔지 못하면 매일

4억 원 정도의 이행강제금을 내라.' 이걸 보면 '론스타가 징벌을 받는구나.' 이런 뉘앙스를 주잖아요? 아니에요. 사실은 론스타가 현금을 챙겨서 빠져나갈 퇴로를 열어준 거예요. 왜냐하면 한 달 이내에 매각하고 한 달을 넘기는 순간부터 매일 100억 원씩 이행강제금을 내라고 하면 손해를 보더라도 빨리 팔 거 아닙니까? 그런데 실제 징계 내용은 6개월 이내에만 팔면 되고 이행강제금이 하루에 4억 원밖에 안 돼요. 지금 조 단위로 벌었거든요. 새 발의 피야. 론스타는 빨리 싸게라도 팔아야 할 압박을 느끼지 않아요. 그러니 이건 징계가 아니라 퇴로를 열어준 거거든요. 왜 우리 정부가, 우리 기관들이 론스타가 돈을 많이 벌고 떠날 길을 자꾸 만들어주는 거죠?

정봉주 6개월 안에 매각하라고 했는데 그 기간이 지났어요. 그래서 1차 연기를 해준 거 아닙니까?

김어준 또 하나 웃기는 제스처가 있어요. 외환은행장 래리 클린을 불러서 외환카드 주가 조작에 따른 징계로 전 론스타 부회장인 마이클 톰슨, 법률고문인 엘리스 쇼트를 해임하라고 요구해요. 이들은 론스타 측에서 비상임 이사로 꽂은 사람이거든요. 징계를 안 하면 중징계를 내린다고 했어요. 중징계가 뭐냐. 문책이나 직무정지나 해임권고예요. 그럼 이 중징계를 먹으면 어떻게 되느냐. 3년이나 5년 동안 우리나라 금융회사의 임원을 할 수 없어요. 아니 어차피 팔 회사인데 임원을 못하면 어때. 이게 무슨 중징계야. 징계도 아닌 것을 왜 징계인 것처럼 제스처를 취하느냐? 그리고 왜 이렇게 긴 시간을 줘서 충분한 협상 시간을 가지고 제 값을 받도록 만들어주느냐?

금융위와 론스타와 하나은행까지 아우를 수 있는 거대한 힘을 가진 누군가가 있는 겁니다. 우리 국가 조직이 왜 론스타를 위해 일을 하죠?

정봉주 그러니까 왜 론스타가 돈을 벌게 해주느냐?

주진우 금융위가 론스타 금융위야, 미국 금융위야?

정봉주 론스타가 외국 회사지만 론스타 주식을 가진 검은 머리 외국인은 내국인이고 기득권층일 거라는 추정만 하죠.

주진우 전지적 각하 시점으로 보자면,

김어준 굉장히 파워풀한 사람이 있는 거예요.

주진우 금융위와 론스타와 하나은행까지 아우를 수 있는 거대한 힘을 가진 누군가가 있는 겁니다. 우리 국가 조직이 왜 론스타를 위해 일을 하죠?

김어준 하나은행에는 우리 각하의 절친인 김승유 회장이 있네. 그런데 하나은행은 왜 이렇게 외환은행을 사들이려고 하지? 이상하게.

외환은행 주식 사려는 하나금융, 회장은 각하의 절친

정봉주 김승유 하나금융 회장은 하나은행장을 지냈어요. BBK 사건 때 하나은행이 LKe뱅크라는 회사에 5억 원을 투자해요. 설립된 지 4개월밖에 안 된 회사에 투자를 한 거예요. LKe뱅크는 이명박과 김경준이 50 대 50으로 합자한 회사죠. 당시 하나은행 실무자들이 검토하고 LKe뱅크 투자에 퇴짜를 놔요. 그후 'LKe뱅크는 투자자문업체인 BBK를 소유하고 있으며, 이미 수익을 내고 있다'는 내부 품의서가 올라갑니다. 이 내부 품의서를 보고 5억 원을 투자해요.

김어준 그걸 의원님이 찾아냈죠.

정봉주 당시 내가 그걸 찾아내서 LKe뱅크가 BBK를 100퍼센트 소유했다면 이명박 전 의원이 BBK를 갖고 있는 거 아니냐고 했더니 2007년에 하나은행에서 이런 답이 왔어요. '당시에 우리가 잘못 판단해서 실수로 투자했습니다.'

김어준 그 돈은 나중에 김경준이 미국으로 넘어가기 전에 되돌려주죠.

정봉주 단순히 되돌려주는 게 아니라 하나은행이 각하와 '풋옵션 계약'을 맺습니다. 즉 '5억 원을 날리면 이명박 전 의원이 갚아주는 계약'을 맺습니다. 이명박 개인이 갚아주는 거예요. 이 풋옵션까지 보증을 해주는 거죠. 따라서 'BBK는 각하가 실질적으로 소유한 거 아니냐?'라고 의혹을 제기했었죠. 김승유는 이명박 대통령 각하와 고대 동기동창이고, 30~40년 지기 아니에요?

김어준 하나금융이 론스타가 소유한 외환은행 주식을 2배 가격으로 사려고 한다. 우리가 이것만 계속 보고 있었죠.

정봉주 그것만 보고 있었는데 이 과정에 슬그머니 SK가 끼어듭니다.

김어준 그러니까 이 사건에 SK가 한 축으로 연관되었을 것 같다는 단서를 찾으신 거 아니에요?

정봉주 하나은행이 외환은행을 사기 위해서는 자금이 필요하지 않았

겠습니까. 이 자금을 모집하는 과정에서 SK가 끼어든 흔적을,

김어준 찾았어요? 아니면 찾을 수 있을지도 모른다는 짐작을 하고 계신 겁니까?

정봉주 내 이야기를 새겨들으세요.

주진우 자자, SK는 거기까지.

- 이상 30회(2011년 11월 26일 방송)

매쿼리를 위해서는 뭐든지 한다

지역에 도로 깔아줄 테니 인천공항 매각하라?

김어준 인천공항 매각이 무산됐다고 했다가 바로 뒤집혔어요. 이거 검은 머리 외국인의 매입 아니냐고 우리가 열라 떠들었잖아요. 외국인 회사가 마치 매입하는 것처럼 보이지만 그렇게 조성한 펀드에 내국인이 외국인인 것처럼 끼어서 매입하는 거다. 거기에서 나오는 배당금을 받아먹은 사례와 전례가 있다. 론스타의 경우가 그렇다. 그렇지 않다면 왜 전 세계 공항 평가 1위인, 장사가 엄청나게 잘되는 공항을 팔겠느냐. 그런 추정과 소설을 쓰지 않았습니까? 그러면서 이 공항을 사려는 회사가 매쿼리고, 각하의 조카가 매쿼리의 대표이사로 있던 시절에 매각이 추진되었다는 이야기를 이미 했죠. 매쿼리가 사회간접자본에 투자해서 어떤 식으로 돈을 벌어 가는지 사례를 보여 드릴게요.

주진우 국회에서 예산을 깎아 인천공항 매각이 사실상 백지화됐다고 합니다. 사실상 공항 매각용인 도로 건설비용 4천300억 원 정도를 삭감한 거죠.

김어준 4천300억 원을 도로 건설에 쓴다고 연결해놓은 거야.

김용민 지분을 팔아서 생긴 돈을 도로를 까는 데 쓴다?

김어준 돈이 생기기도 전에 거기에 배당을 해둔 거야. '도로를 깔려면 공항을 팔아야 한다.' 이런 식으로 만들어놓은 거지.

주진우 여론이 인천공항 매각에 비우호적입니다. 국민의 반대에 부딪히니까 3년 동안 예산을 짜면서 '인천공항 지분을 팔아야 지역구 민원 사업에 쓸 예산을 주겠다'는 식으로 꼼수를 부리는 거죠. 이렇게 끼워 팔기 식 예산 편성을,

김어준 '너희 동네에서 인기 얻으려면 공항을 팔아라.' 이렇게 된 거죠.

주진우 꼼꼼한 분들은 끝까지 포기하지 않습니다.

김어준 그럼에도 불구하고 삭감했다가 다시 뒤집혔어요.

주진우 다시 뒤집혀서 도로 건설을 추진하고 있습니다. 그렇게 만든 의원들도 출석 불러야 합니다.

정봉주 예결심사소위원회에 들어간 사람들이 자기 지역 예산을 챙겨가려는 거거든요. 그 욕심에 죽였던 예산을 다시 살려낸 거예요.

주진우 한나라당 의원 이야기에 따르면 공항을 팔아서 끝이 좋았던 적이 없어요. 영국 히드로 공항은 유럽 최고의 허브공항이었는데 민영화 이후 세계 공항 혼잡도 1위가 됐습니다. 공항 이용료는 한국의

10배 이상입니다. 아테네 공항은 민영화 이후에 500퍼센트 이상 이용료가 올랐다고 합니다. '인천공항 민영화는 지분 보유와 상관없이 큰 피해를 끼칠 것'이라고 한나라당 의원이 경고하고 있습니다.

정봉주 경고하는 의원들 이름 좀 밝혀줘요.

주진우 현기환 의원입니다. 우면산 터널은 1분이면 통과하는 아주 짧은 구간인데 통행료가 2천 원입니다. 대단히 비쌉니다. 예측한 수요와 실제 통행량이 달라서 정부가 보조한 액수가 2011년에 500억 원이 넘었어요. 우면산 터널은 매쿼리가 지분을 36퍼센트 가지고 있어요. 투자비가 총 1천402억 원이었어요. 지금까지 우리가 물어준 돈이 500억 원이 넘죠. 2033년까지 매쿼리에게 수익을 보장해주기로 했어요. 그때까지 우리가 물어줘야 할 세금이 3천억 원이 넘습니다. 통행료에서 떼어주는 건 별도예요. 이번에 통행료 500원 올린답니다. 왜 올리는지 이유도 없습니다. 우면산 터널과 관련해서 매쿼리가 정부 측에 96억 원을 빌려줘요. 그런데 이자가 얼마인지 아십니까? 20퍼센트입니다. 이렇게 챙겨줍니다.

김어준 그런데 왜 빌릴까?

주진우 이명박 서울시장 시절인 2004년 1월에 개통됐는데, 그때도 말이 많았습니다.

김어준 당시 매쿼리 대표이사도 각하 조카였나?

주진우 각하 조카였죠. 이명박 서울시장 시절에 우면산 터널 인프라 작업이 시작됐어요. 매쿼리의 송경순 감독이사하고 이명박 대통령하고 아주 친합니다.

25년, 30년 동안 이자도 챙기고, 통행료도 챙기고, 정부 보조금도 챙깁니다. 배당도 받아갑니다. 도대체 매쿼리에 얼마나 많은 돈을 줘야 합니까?

몇 가지만 더 이야기하겠습니다. 천안-논산 고속도로 통행료가 2003년에 7천 원이었는데 2004년에 7천300원, 2005년에 7천600원, 2006년에 7천800원, 2009년에 8천400원으로 계속 오릅니다. 서울 외곽순환고속도로와 인천대교도 다 매쿼리가 관여한 겁니다. 인천공항으로 가는 인천대교는 매쿼리 지분이 41퍼센트고, 인천국제공항 고속도로의 매쿼리 지분은 24.1퍼센트입니다.

매쿼리는 외국인 회사가 아니다?

김어준 우리나라를 떠나려고 하면 매쿼리에 돈을 주고 가야 해요. 그런데 공항까지 먹으면 확실한 거지.

주진우 그렇죠. 서울-춘천 고속도로도 매쿼리가 지분을 가지고 있습니다. 통행료가 무지 비싸죠. 용인-서울 고속도로 지분도 매쿼리가 35퍼센트 가지고 있습니다. 광주 순환도로 역시 매쿼리가 지분을 가지고 있고, 마창대교는 매쿼리 지분이 100퍼센트입니다. 앞서 말한 천안-논산 고속도로 매쿼리 지분이 60퍼센트입니다. 부산 수정산터널 매쿼리 지분 100퍼센트. 부산 백양터널 매쿼리 지분 100퍼센트. 이 모든 것의 보장 기간이 25년에서 30년입니다. 25년, 30년 동안 이자도 챙기고, 통행료도 챙기고, 정부 보조금도 챙깁니다. 배당도 받아갑니다. 도대체 매쿼리에 얼마나 많은 돈을 줘야 합니까?

김어준 그래서 그 외국인 회사가 만들어내는 돈 속에 내국인의 돈이 포함되어 있고, 그 내국인이 의사결정 과정에 관여하거나 연루되어 있는 거 아니냐는 의혹을 제기하게 되는 거죠.

주진우 매쿼리인프라라는 회사의 주주 현황을 보면, 기관투자자가 60퍼센트 정도 되고, 외국인 투자자가 26퍼센트, 개인이 11퍼센트입니다. 주요 주주로는 군인공제회, 신한금융그룹, 금호생명이 있습니다. 캐피탈리서치 앤드 인베스트먼트가 있고 대한생명과 매쿼리 그룹이 있습니다. 결국 매쿼리는 외국인 회사가 아니라 국내 투자자들이 외국인인 척 위장하고 들어가 있는 겁니다.

김어준 검은 머리 외국인.

- 이상 29회(2011년 11월 22일 방송)

나꼼수 죽이기 꼼수

"나꼼수를 없애라"

앱이 편성이라니, 리어카에 테이프 펴놓으면 편성인가

김어준 우리 방송을 통제하기 위해 정보통신정책연구원(여기가 원래 방송통신위원회 윤리위원회에서 백업해주는 데예요. 미디어법의 논리도 여기서 연구해줬죠)에서 이렇게 말해요. "앱스토어가 채널이고 앱이 프로그램이고 앱을 개발하는 게 편성이다." 아니 그럼 리어카에 테이프 펴놓으면 편성인가? 말도 안 되는 소리를 하고 있어.

주진우 많이 깔아놓으면 종편입니다.

김어준 섞어놓으면 종편 되는 거야.

정봉주 애플, 구글, SK텔레콤, 삼성. 이게 다 방송 사업자가 되는 거예요.

주진우 〈나는 꼼수다〉를 제어하려는 여러 가지 책동이 보이기는 했습니다.

정봉주 방송통신심의위원회(방심위) 위원장이 '방송통신, 앱을 심의하겠다. 전담 팀을 만들겠다'라고 했어요.

주진우 그분이 박만 씨인데, 검사 시절부터 만나던 분이에요. 어두운 데서 많이 만났습니다.

정봉주 얼마 전에 임명되었죠.

김어준 정보통신정책연구원의 장도 최근에 바뀌었습니다.

정봉주 앱을 심의해야 한다는 연구 결과를 내놓자마자 방송통신심위원장이 첫 번째 기자 간담회에서 "이제 앱을 심의하겠다"고 했는데, 이 분이 한나라당과 무척 친합니다.

김어준 인수위 시절부터죠.

정봉주 이 분이 2005년에 성남지청장을 끝으로 사표를 내요. 사법고시 21회 출신으로 동기 중에서 선두주자인데 2004년에 이어 2005년에도 승진이 안 되면서 옷을 벗어요. 송두율 교수 사건을 수사하고 기소했는데 상당 부분 무죄 판결이 나는 바람에 승진을 못했죠. 이 분이 옷을 벗을 때 당시 한나라당 부대변인이었던 이정현 의원이 논평을 해요. "아, 박만." 이런 논평은 처음 봤어요.

김어준 너무 시적인데.

정봉주 박만이 옷을 벗는 것이 너무 가슴이 아프다. 그다음에 이렇게 말했어요. "국가적 손실이다. 국민에게 상실감을 줬다."

주진우 제가 그분을 오랫동안 지켜봤는데 지난 정부 때는 저쪽에다 코드 맞추려고 열심히 하셨어요.

정봉주 열심히 했는데 코드가 안 맞았죠.

김어준 박만 위원장은 인수위 시절에 정통부를 폐지시켰고 각하하고도 굉장히 가까워요. 이 양반이 위원장이 되자마자 '앱 심의' 같은 뉴스가 나와요.

정봉주 이 사람들은 팟캐스트가 뭔지 잘 모릅니다. 현재 방송통신법에 따르면 저희가 하는 방송을 법적으로 규제할 수 있는 근거가 없어요. 그래서 못 잡아요. 이 분들이 법을 개정하겠다, 그리고 방심위에서 앱을 심의하겠다는 것은 '나꼼수'를 겨냥한 진정한 꼼수예요.

- 이상 19회(2011년 9월 16일 방송)

"〈나는 꼼수다〉를 이대로 두면 (한)나라가 망한다"

김어준 한나라당의 이철우 의원이 문화체육관광방송통신위원회(문방위)에서 "〈나는 꼼수다〉를 이대로 두면 나라가 망한다"고 했어요. 내가 보기엔 한 글자가 빠졌어. '한나라가 망한다.'

주진우 이철우 의원은 국정원 출신이에요.

김어준 그가 "예산을 많이 받아서라도 (나꼼수) 특별 단속팀을 만들어야 한다"라고 말했어요.

주진우 네 사람을 가지고 무슨 특별 단속팀씩이나.

김어준 이 말을 듣고 계시던 박만 방송통신심의위원장님께서 말씀하셨어요. "정보통신망법에 따라서 불법 유해 정보나 국가보안법 위법 등을 심의할 수 있기 때문에 유심히 보고 있다." 우리가 국가보안법을 위반할까 봐 유심히 보고 있대. 이게 국가보안법이 아니지. 각하보안법이지. 우리 그건 위반했어. 각하보안법을. 각하의 수줍은 재테크 노하우들.

정봉주 각하를 찬양한 적은 있지만 절대 그럴 분이 아니라고 디펜스를 강하게 한 거 아니에요?

김어준 하지만 재테크를 공유하기 위해서 우리가 널리 알렸죠.

주진우 이건 생활경제 아닙니까?

김어준 각하는 이걸 수줍게 처리하고 싶은데 우리가 맨살을 드러내버렸지.

정봉주 이철우 의원은 지역이 어디에요?

주진우 경북 김천입니다. 박만 위원장님 주진우예요. 노래 잘 부르시던데, 저예요. 그냥 잘 지내죠, 뭐.

- 이상 27회(2011년 11월 7일 방송)

홍준표의 약속

김어준 〈나는 꼼수다〉 방송을 없애려고 하는 사람들이 있어요.

홍준표 없어지지 않는다면서?

김어준 현재 법으로는 건드릴 수 없는데, 법을 바꿀 수 있지 않겠습니까?

홍준표 이거 하나 없애려고 법을 바꾸면 그야말로 말도 안 되죠.

정봉주 방송통신심의위원회에서 법을 바꾸겠다는 의지를 표현했

대한민국 사람들이 얼마나 삶에 찌들고 서민들 생활이 팍팍하면 김어준 총수처럼 지 맘대로 말하는 방송을 수백 만 명이나 듣겠어요?

어요.

홍준표 오죽 답답하면 그런 생각을 하겠어요?

김어준 여당 대표로서 그건 막아주실 거죠? 당대표로서 약속해주세요.

홍준표 노력은 하겠습니다. 대한민국 사람들이 얼마나 삶에 찌들고 서민들 생활이 팍팍하면 김어준 총수처럼 지 맘대로 말하는 방송을 수백 만 명이나 듣겠어요?

김어준 그럼 약속. 홍 대표님께서 '나꼼수를 없애지 말라'고 힘을 써주기로.

홍준표 그건 제가 하겠습니다.

- 이상 23회(2011년 10월 15일 방송)

나꼼수 입을 틀어막겠다고?

김용민 〈조선일보〉가 오늘 '말도 안 되는 괴담을 많은 사람이 믿더라'는 식으로 보도했어요. 그 괴담 중에서 상당수가 〈나는 꼼수다〉에서 이야기한 것이라고 하고.

김어준 〈조선일보〉의 어뢰는 어떻게 됐어? 인간어뢰, 진짜 괴담이

우리가 사람들한테 '닥치고 정치'라고 하니까 각하는 우리더러 닥치고 있으라고 하는 거죠. 우리 대답은 이거예요. 싫다! 못 닥쳐 우리는!

잖아.

주진우 나꼼수를 묶어놓을 민형사 소송을 그들이 준비 중인데, 여론을 환기해달라는 주문이 있었습니다.

김어준 조중동한테?

주진우 지금 인터넷에 들어가서 조중동을 한 번 쳐보십시오. 제목이나 기사에서 '괴담'이라는 단어가 굉장히 늘었습니다. '괴담의 괴수, 괴담의 진원지가 여기다' 하면서 민형사 소송이 들어오게 됩니다.

김어준 방통위에서도 SNS 전담팀, 심의팀을 만든다고 했잖아요. 우리가 사람들한테 '닥치고 정치'라고 하니까 각하는 우리더러 닥치고 있으라고 하는 거죠. 우리 대답은 이거예요. 싫다! 못 닥쳐 우리는!

- 이상 28회(2011년 11월 12일 방송)

피를 말리는 소송

나경원, 4인방을 겨누다

김어준 오늘 우리가 민주언론상을 받는 시점에 보도가 나왔죠. '4인방 경찰에서 소환 예정.'

주진우 드디어 소환 임박했습니다.

김어준 임박인지 아닌지는 몰라.

정봉주 참 희한한 일이 벌어졌잖아요? 고발자들이 소환에 불응하고.

김어준 저희한테는 아직 연락 안 왔어요. 기다리고 있는데 연락을 안 해.

김용민 우리가 나꼼수에서 이야기했던, 나경원 후보에 관한 각종 의혹을 패키지로 다 묶어서 고발했죠.

김어준 처음에는 1억 원 피부과만 가지고 이야기하다가 이번에는 전부 다 걸었어요.

주진우 정 의원은 '나경원 후보가 학교 감사 대상에서 빼달라고 부탁했다'는 내용을 가지고 고발당했고요.

김어준 그럼 나경원 씨를 먼저 소환해야죠.

주진우 나경원 후보의 남편 김재호 판사가 기소청탁을 했다는 의혹이 있다는 제 주장을 허위라고 고발했습니다.

김어준 그럼 김 판사를 먼저 소환해야지.

주진우 김 판사님을 먼저 소환해서 어떤 점이 잘못됐는지 밝히십시오. 그러면 제가 바로 나갈게요.

정봉주 모든 의혹을 사실은 주진우 기자가 이야기했고, 김 총수가 이야기했고, 몇몇이 이야기했지만, 내가 다 미리 내용 조사하고 사주하고 그랬으니까 나를 중심으로 조사를 하란 말이야. 왜 네 명을 다 불러? 나를 중심으로 조사를 하라고.

주진우 역사에 길이 남을 경찰 출두가 될 것 같고, 역사에 길이 남을 조사가 될 것 같습니다. 한 명 한 명의 조서가 얼마나 주옥같을지 기대해주시기 바랍니다.

주진우, "요즘은 소송에 진다"

주진우 제가 어제 또 한 장의 편지를 받았습니다. 내용증명입니다.

김어준 그건 만날 받는 거잖아.

주진우 늘 받는 것이긴 한데 이번엔 좀 특이합니다. 법무법인 화우에서 보낸 내용증명입니다. 제가 〈시사IN〉 창간 이후에 20건 넘는 소송에 시달렸는데, 최초로 돈을 물어준 사건이 있었습니다. SBS의 계열사 사장인 홍아무개 씨가 건 19억 원짜리 소송이었는데 저희가 져서 약 2천500만 원을 배상했습니다. 기자 생활을 하면서 돈은 처음 물어줬습니다. 그런데 이번에 배상금 지급이 며칠 늦었다며 이자를 더 내라고 내용증명을 보냈어요.

김어준 며칠 늦었어?

주진우 며칠 늦었는지는 모르겠는데 계산을 복잡하게 했어요.

정봉주 복리 계산을 했나보네.

주진우 판결문이 나오자마자 정정 보도문을 내야 하는데 2주가 늦었답니다. 그래서 1주일에 500만 원씩 해서 1천만 원과 이자 69만 438원을 더 물어내라고 합니다. 우리 변호사하고 저쪽 변호사하고 상의하는 동안 며칠 지났는데, 그 기간의 이자를 물어내라고. 재판 과정에서 저는 취재도 못하고…… BBK 재판과 관련해 인터뷰한 걸 가지고 법원에 대들고 법에 대드는 악질 기자로 만드는데 너무 가슴이 아팠습니다. 제가 돈 다 물어줄게요. 제 돈으로 다 물어드리겠습니다. 2009년에 한상률 전 국세청장을 비판했던 전 국세청 직원이 이제야 무죄가 됐습니다. 무죄가 되더라도 그동안의 소송 과정에서 겪은 피해가 이만저만이 아닙니다. 대형 로펌의 변호사가 파업 노동자를 상대로 소송을 해서 피를 말리는 광경을 봤는데 제가 직접 경험해보니까 정말 황당하군요.

김어준 소송으로 생활을 망가뜨리는 수법이죠.

주진우 19억 원 소송을 당해서 2천500만 원 배상으로 졌습니다. 제

기사의 내용은 홍아무개 사장이 퇴폐 안마시술소에 간 것, 상품권 깡해서 쓴 것, 비자금으로 유용한 것 등을 고발한 것인데 이건 이겼습니다.

오늘 점심에 제가 함세웅 신부님하고 명진 스님하고 같이 밥을 먹었는데 "제가 요즘 자꾸 재판에서 집니다"라고 했더니 신부님하고 스님이 "그래 힘내" 하시더라고요. 그러면서 돈이라도 주실 줄 알았어요. 그런데 "주 기자 잘했어, 몸으로 때워. 감옥에 가야지" 그러시더라고요. (수줍수줍)

정봉주 우리 주 기자의 울분을 충분히 이해하는데, 2012년 4월 11일까지는 우리 식으로 하고 그 이후엔 새로운 힘이 생기잖아요? 또 12월 19일이 지나면 또 새로운 힘이 생기잖아. 그럼 내가 꼭 복수해줄게.

- 이상 30회(2011년 11월 26일 방송)

정봉주의 발을 묶다

여권을 안 내주는 진짜 이유

김어준 저희가 미국 공연을 위해 12월 5일 출국하는데,

주진우 하버드하고 존스홉킨스, UCLA, 버클리, UC버클리까지…… 뉴욕, 보스턴, 워싱턴 D. C., 샌프란시스코 공연도 확정되었습니다.

김용민 저는 주일에 간증집회 하나 생겼습니다.

주진우 정 의원님이 엄청 우울해하세요. 여권이 안 나와요.

김어준 보통은 도주의 위험이 있어서 출국금지를 하는 거거든요. 의원님은 미국에 두면 한국에 돌아오고 싶어서 미쳐요.

주진우 국회의원이 되고 싶어서 환장한 사람인데 저 사람이 도망간다는 것은 말이 안 되잖아요.

정봉주 경찰청에서는 여권을 내주겠다고 하잖아요.

주진우 경찰청에서 올렸는데 대법원에 계류 중이지 않습니까?

우리가 비판을 했다고 쳐도 비판한 게 법에 저촉되나? 기분이 나쁘다고 처벌하는 게 법인가? 그 외에 법적인 근거가 있으면 설득이 되거나 수긍이 되는데 근거가 없잖아.

김용민 BBK 재판 아직 안 끝났다고?

김어준 재판 결과가 안 나왔기 때문에 보통은 나가지 못하게 하는 거잖아요? 도주의 위험성이 있기는커녕 잠입의 위험성이 커. 일단 나갔다가 못 들어오게 하면 잠입한다니까. 그런데 왜 못 나가게 해?

정봉주 제가 출국금지 상태가 아니에요. 재판이 계류 중이니까 여권을 내줘야 하는 거예요. 그리고 우리 집사람하고 제가 신혼여행 못 갔잖아요? 2010년 1월에 집사람 회사 일로 이탈리아 갈 때 따라가서 겸사겸사 신혼여행 다녀왔어요. 그때도 여권 안 내주려고 하다가 결국 1년짜리 단수여권을 내줬어요. 그런데 지금은 여권을 안 내줘요.

김어준 이유가 뭐야?

정봉주 괘씸죄죠.

김어준 어쨌든 괘씸해서? 괘씸한 걸 다루는 게 법이야?

주진우 여권을 안 내준다는 것은 국민 기본권 침해 아닙니까?

정봉주 대법원에 알아봤더니 방송에 나와서 함부로 대법원을 공격했다는 거예요.

김어준 우리가 언제 대법원 공격했어?

정봉주 내가 대법원 존경한다고 했잖아? 검찰도 존경하고.

김어준 만약 우리가 비판을 했다고 쳐도 비판한 게 법에 저촉되나? 기분이 나쁘다고 처벌하는 게 법인가? 그 외에 법적인 근거가 있으면 설득이 되거나 수긍이 되는데 근거가 없잖아.

괘씸하다고, 기분 나쁘다고 처벌하는 게 법이야?

정봉주 여권을 내주려면 재판부에서 도장을 찍고 검찰에서 도장 찍어줘야 해요. 그런데 2010년에는 사법부는 도장을 찍어줬는데 검찰은 안 찍어줬어요. 국회 법사위에서 검찰에 요청하니까 '사법부에서 찍어줬다고 해서 검찰에서 무조건 찍어주는 건 아니다'라며…… 검찰이 저를 미워하잖아요. 그러고 나서 1년짜리 단수여권이 나왔어요. 그런데 이번엔 못 내준다는 거예요. 재판부가 왜 우리가 자기들을 비판했다고 여기는 줄 아세요? 8월 18일에 재판 일정이 잡혔다가 연기됐잖아요. 그때 우리가 그랬잖아요. '이거 이제 재판 못한다.' 내가 얘기한 것도 아니고 김 총수가 이야기했잖아요. 그럼 김 총수 여권을 박탈해야지 왜 내 여권을 가지고 그래? 우린 사법부, 재판부를 욕한 적이 없어요.

주진우 욕을 했다고 쳐도.

정봉주 욕을 했다고 쳐도가 아니라 나는 욕을 한 적이 없다니까. 나는 재판부를 존경한다니까. 믿어줘.

김용민 나도 나경원 피부클리닉 이야기 안 했어. 나는 그냥 잤어.

정봉주 돼지 치사하게…….

김용민 왜 나를 고발해?

정봉주 김 총수하고 나하고는 웃은 것밖에 없어. 그럼 엄밀히 따지면 주진우는 빼야 돼. 용감한 사람은 빼주고. 비겁하게 웃은 우리 세 놈만 고발해야 돼.

주진우 아무튼 저는 대법원에서 도장을 찍어줘서 여권 내줄 것으로 믿습니다. 존스홉킨스 대학에서 꼼수의 사회학에 대해 정 의원님이 강연을 하게 되어 있습니다. 많은 현지 교수들이 꼼수의 사회적 현상에 대해 알고 싶어 해서 학술 토론을 하게 됩니다.

김어준 세계적인 교수들이에요. 정봉주 전 의원 여권이 안 나오면 저희들 다 안 가기로 했어요.

김용민 의미가 없지.

김어준 의미는 많아. 그런데 우리끼리는 못 가겠다 이거지.

- 이상 27회(2011년 11월 7일 방송)

"출국이 불허됨을 알려드립니다"

정봉주 오늘 노원구청에서 '정 의원님 여권 신원조회 결과 출국 불허됨을 알려드립니다. 좋은 소식 못 드려 죄송합니다'라고 왔어.

김용민 저도 KBS 2TV 아침 프로그램에 출현했는데 갑자기 나오지 말라는 거예요. 왜 그러나 봤더니 고발당했다고 당분간 나오지 말래. 잘린 거지.

주진우 저도 큰 이슈가 생기면 MBC나 KBS 라디오에 나가요. 그런데 최근에는 연락이 안 와요. 아주 편안합니다. 입을 이런 식으로 막으니…… 이게 북한이나 러시아와 뭐가 다릅니까? 정 의원님, 국제적으로 약속을 하셨어요. 하버드 대학에서 의원님이 연설을 하게 되어 있고 존스홉킨스 대학에서 연설을 하게 되어 있어요. 대법관들한테 가보시지 그러셨어요.

정봉주 내가 나꼼수 하버드 대학 강연 이름도 정했잖아요. 'the sociology of 나꼼수 in KOREA'.

김어준 이번 주에 한 번 더 시도해보세요. 결국 안 나오면 저쪽에다 통보해야 하잖아.

정봉주 신청하려면 노원구로 가야 하는데 너무 불편해요. 가면 신청하는 시간은 2~3분밖에 안 걸려요. 10분만 대기하면 되는데 구청 직원들이 나와서 사인해달라고 사진 찍고 그래서 미치겠어. 이번에 광주 갔다 오는데 공항에서 비행기 놓칠 뻔했어요. 하도 사진 찍고 사인해달라고 해서. (캴캴캴)

김어준 이제 그만. 못 참겠어. (푸하하)

- 이상 28회(2011년 11월 12일 방송)

대법원과 외교통상부의 궤변

정봉주 아주 이례적으로 대법원과 외교통상부가 제 여권 발급에 관한 입장을 발표했어요.

김어준 뭐라고요?

정봉주 12조 1항에 근거해서 여권 발급 제한 사유가 될 수 있다.

김용민 12조 1항은 2년형 이상 아닌가요?

정봉주 그래서 기자가 다시 물어봤죠.

김용민 정봉주 전 의원은 1년형을 받았죠.

정봉주 네, 1년이죠. 그래서 기자가 다시 물어봤더니 '이건 1년 형을 받은 걸로 따지는 게 아니라 그 법에 저촉되는 최고형을 이야기하는 거다'라고 말해요.

주진우 말이 안 되는 게 대법원은 형량을 결정하는 데가 아니에요.

정봉주 그렇죠. 형량을 결정하는 게 아니라 죄의 유무만 결정하는 데거든. 이런 말도 안 되는…….

- 이상 29회(2011년 11월 22일 방송)

강연 취소시킨 외압의 실체

주진우 이번 미국 강연 중 가장 중요한 행사 몇 개가 취소됐습니다.

김용민 MIT와 스탠포드 대학은 다 예약되어 있지 않았습니까?

주진우 되어 있었습니다. 스탠포드 대학 강연은 예약으로만 만석이 된 상태였는데 갑자기 틀어졌습니다. 어느 대학교에서는 한국 쪽에서 나오는 기금이 끊어질 수 있으니 나꼼수와 관련한 특강이나 세미나는 하지 말라는 외압도 있었답니다.

김어준 그런 외압이 실제로 계속 있었어요. 애초에 학술 강연으로 잡혔던 것은 대부분 취소되었어요. 우리 공관, 선관위 등 여러 루트를 통해서 태클이 들어간 거예요. 우리 연구기관의 이름으로는 강연회를 못 여니까 결국 이걸 대학생·대학원생이 받아낸 건데, 그러다 보니 자기들만의 행사가 아니라 교민들까지 참석하는 공개 강연 형식으로 바뀌었죠.

김용민 청취자분들 중에는 '아니 미국 대학인데 강연을 못하게 할 수 있는가' 생각하실 분이 많을 거예요.

주진우 어떤 사람이 우리 행사를 주최한 연구소에 전화를 해서 '한국 쪽에서 들어오는 펀딩이 몇 백만 달러가 되는데, 그게 다 끊어질 수 있다' '한국 정부와 척을 지는 일이다' '문제가 생길 수 있다' 이렇게 말했답니다. 어떤 교수님들은 굴하지 않고 행사를 계속 진행했지만, 어떤 분들은 행사를 대학원생들한테 돌려준 경우도 있고, 취소한 분도 있습니다. 우리 행사를 못하게 하려고 정부가 꼼수를 부리는 것이 안타까웠습니다.

김어준 어쨌든 이렇게 여러 루트를 통해서 압력이 들어간 실체를 파악해서 조만간 공개할 생각이에요.

주진우 제가 다 공개하겠습니다.

김용민 제가 준비하고 있는 친이 인명사전에 그분들의 이름을 수록하도록 하겠습니다.

주진우 선관위 직원, 그렇게 할 일이 없습니까? 영사과도 교민들이나 신경 쓰세요.

- 이상 32회(2011년 12월 18일 방송)

MBC에서 줄줄이 쫓겨나다

너무나 각하적인 MBC

김어준 제가 지난주에 MBC에서 잘렸어요.

정봉주 나 그거 보고 엄청 통쾌했어.

김용민 김어준 총수가 9월 말에 본부장을 찾아가서 "나 자를 겁니까?" 하고 단도직입적으로 물었어요.

정봉주 왜? 무슨 징후가 있었어?

김용민 아니. 윤도현도 자르니까 가서 물어본 거야. 선방을 날린 거지. 본부장이 "아니 그런 건 10월 초에 가야 이야기하는……' 이런 식으로 둘러대는 거야. 이러면 100퍼센트거든.

김어준 〈색다른 상담소〉라고 MBC 팟캐스트에서는 1위 하고 있었어요. 제가 방송 시작한 첫날 이렇게 말했다고요. "이 방송은 6개월 후에 끝난다."

정봉주 6개월 됐어요?

김어준 정확히 6개월 만에 잘렸지. 요즘 MBC가 너무 예측 가능해요. 각하적이야. 나를 자르더니 뭐 하느냐? 오전에 했던 방송을 재방송합니다.

김용민 라디오에서?

김어준 재방송은 제가 보기엔 최초예요.

정봉주 느닷없이 급하게 자른 거야.

김어준 재방송에 내가 밀렸어.

정봉주 김용민 교수는 생긴 것과는 달리 비비는 데 달인 아냐?

김용민 예.

정봉주 얼른 그 방송 치고 들어가지?

김용민 MBC? 난 출연 거부했지.

김어준 부르지도 않는데 무슨 출연 거부야? (푸하하)

김용민 고정 출연이었어요.

정봉주 그런데 눈빛이 비겁해. (캴캴캴)

김용민 명절 때마다 나갔습니다.

주진우 명절 때마다 땜방?

김용민 네. 명절 때마다 고정 출연이었는데, 김재철 사장이 있는 동안에는 안 갑니다.

김어준 조만간 MBC 퇴출 연예인들 있잖아요? 싹 모아서 특집 한번 해야겠어요.

김용민 퇴출 통보는 어떻게 받으셨어요?

명절 때마다 고정 출연이었는데, 김재철 사장이 있는 동안에는 안 갑니다.

"게시판 보고 퇴출된 거 알았어"

김어준 모 부장님이 오셔서 저한테 어떤 말을 해야 할지 결정을 못하신 표정으로 있길래, 제가 먼저 "알고 있습니다" 했지. 왜냐하면 2주 전에 이미 녹음을 끝냈어요. 잘릴 걸 알고. 6개월 전에 이미 잘린다고 첫날부터 말했기 때문에.

김용민 나는 CBS에서 어떻게 해임 통보 받았는지 아세요? 게시판에 종이 붙은 거 보고 알았습니다. 나한텐 통보도 안 했어.

정봉주 잘릴 줄 알았나? 모 방송에서 김어준 총수하고 정봉주하고 둘이 오셔서 1시간짜리 프로를 "제발 해주십시오" 하고 왔더라고. 선거 출마해야 하기 때문에 바빠서 안 된다고 했지.

주진우 저도 MBC에서 한 번 잘린 적 있었는데.

정봉주 MBC 기자였어요?

주진우 아니요. 아침에 MBC에서 인터뷰 프로를 하나 했습니다. '주진우 기자 ×××를 만나다.' 정봉주 의원을 만나면 '주진우 기자 정봉주를 만나다' '유인촌을 만나다' '노회찬을 만나다' 이런 식이었어요. 그러다 박원순 변호사가 원세훈 국정원장하고 소송하던 때 박 변호사를 인터뷰했어요. 인터뷰하면서 제가 한 마디 조언을 했다가 잘렸습니다.

김어준 무슨 내용이었는데?

주진우 별 내용도 아니었어요. 원세훈 국정원장하고 박원순 변호사하고 아주 친한 사이였어요. 원세훈 원장은 각하가 서울시장일 때 정무부시장이었죠. 그때는 박 변호사와 잘 지냈는데 국정원장이 되고 나서 '잘 봐달라' '잘 도와달라'고 했대요. 박 변호사 앞에서는 그렇게 이야기하고, 박 변호사가 '국정원이 사찰을 한다'고 말하니까 바로 국가의 명예를 훼손했다고 소송을 냈어요. 그래서 "친하신 분들끼리 잘 지내시지 소송이 뭡니까?" 제가 한 마디 했다가 잘렸어요.

김어준 MBC 퇴출 연예인 특십 한번 합시다.

- 이상 24회(2011년 10월 19일 방송)

4인방 신상털기

진보는 모두 거지여야만 하나?

김어준 재미있는 기사를 언급하고 갈게요.

김용민 〈센트럴 뉴스페이퍼central newspaper〉.

김어준 〈센트럴 뉴스페이퍼〉 포털 톱으로 이런 기사가 올라왔어요. '나꼼수 김어준, 성북동 223제곱미터 주택 소유.'

주진우 몇 평이에요?

김어준 연면적 68평 주택에 1997년식 지프차, 모토로라 2G 보유 이런 식으로. 기사 내용은 별로 없어.

주진우 조용필이야? 그런 것까지 까게.

김용민 사실은 이런 거 아닙니까? '부자면서 진보를 참칭하고 다녀? 너 위선자지?'

김어준 그렇게 계속 욕을 먹으라고 한 거지. 자기들이 실컷 욕먹었잖

얘네들 고정관념 속에는 '가난하니까 진보나 하고 있는 거다'라는 생각이 박혀 있는 거고. '진보인 척하더니 이 새끼 부자다. 그러니까 너희들 속고 있는 거야.' 이런 말을 하고 싶었던 거거든. 아니 잘사는 것하고 진보랑 무슨 상관이야? 진보는 거지만 하나?

아. 댓글들이 '그럼 뭐 어때서?' 이런 거야. '집이 있어서 다행이다.' 이런 사람들도 있어. 나중에 제목을 바꿔. '나꼼수 김어준 사는 곳 알고 보니 우왕'. 제목이 우왕. 얼마나 귀여워.

주진우 잠깐만, 68평이면 얼마만 한 거예요?

김어준 연면적 68평이면 아래 위 합쳐서.

정봉주 대지가 몇 평이에요?

주진우 마당이 있어요?

김어준 조그만 것 하나 있어.

주진우 그래요?

김어준 나는 이게 대지가 223제곱미터인지 몰랐어. 등기부등본을 뗀 거지. 223제곱미터라고 하면서 또는 '우왕' 하면서 의도한 건 이런 거야. 얘네들 고정관념 속에는 '가난하니까 진보나 하고 있는 거다'라는 생각이 박혀 있는 거고. '진보인 척하더니 이 새끼 부자다. 그러니까 너희들 속고 있는 거야.' 이런 말을 하고 싶었던 거거든. 아니 잘사는 것하고 진보랑 무슨 상관이야? 진보는 거지만 하나?

정봉주 중요한 건 <중앙일보>에서 김 총수를 진보로 인정한 거 아니에요? 아주 경하할 일이네.

주진우 그러면 기쁜 일인데.

김어준 내가 부자인 것하고 진보하고 무슨 상관이 있어?

정봉주 부자는 무슨 부자야. 웃기고 있어. (깔깔깔)

주진우 대출 있잖아.

정봉주 대출 다 까.

주진우 대출 얼마야?

김어준 나 부자로 보이고 싶어. (푸하하)

주진우 왜 부자로 보이고 싶어? 여자들이 좋아할까 봐? (수줍수줍)

김어준 우리 모두 이 기사를 보고 열 받았잖아요? 보통 이런 방식으로 진보 인사나 시민운동가를 상대해왔어요.

정봉주 박원순도 처음에 보증금 1억 원에 250만 원 월세 낸다는 기사가 아무것도 아닌 것처럼 '툭' 나가요. 그게 잽 날리는 거거든. 잽 날리고 반응을 보면서, '250만 원?' 이런 댓글이 달리니까 기사를 쓰기 시작하는 거 아니야. 이번에 우리에게 잽을 날린 거죠.

"나 부자다. 어쩔래?"

김어준 이들이 모르는 게 있어요. 우리는 이들이 상대해왔던 사람들과는 근본적으로 종자가 달라요. 우린 이런 거 올 줄 처음부터 알고 있었거든. 기다리고 있었다! 맨 처음에 시작할 때부터 이야기했잖아. '뭐가 들어올 것이다.' 준비되어 있어요. 사실 난 대출 정보를 까

고 싶지 않았어. 왜냐하면 난 부자로 보이고 싶어. 부자로 보여야 여자들이 더 좋아해. (푸하하)

정봉주 성북동 단독주택이죠?

김어준 요새 주택 가격이 올랐어.

주진우 떨어졌어.

정봉주 대출해준 은행 직원 파면감이에요.

주진우 그때는 집값의 60~70퍼센트까지 대출해줬어요.

정봉주 그래도 만기가 됐으면 돈을 좀 갚아야 하거든.

김어준 나 부자야. 성북동에 집 있어.

주진우 대출에 마이너스 통장도 있고.

정봉주 마이너스 얼마야?

김어준 마이너스도 있고 개인 빚도 몇 억원 있어요. 내 차는 지프, 정확하게 랭글러 1997년식입니다.

김용민 그건 어떻게 알았지?

김어준 얘네가 서류 다 떼어봤다니까 그러네.

주진우 그런데 왜 이런 걸 털죠?

정봉주 대권주자인 나를 뒤져야지. (캴캴캴)

김어준 뒤졌지. 당연히.

주진우 의원님도 무릎을 맞대고 까봐. 건물 있잖아. 건물부터 얘기해.

정봉주 우리 집사람하고 나하고 공동으로 소유한 건물이 40억 원짜리에요.

김용민 우와, 부자네. 어디에 있어?

정봉주 우리 지역에 있어.

김어준 의원님이 옛날에 학원 원장 할 때 돈 좀 벌었어.

주진우 그땐 돈 많았지.

"신용카드 사용 정지, 국민연금 연체"

정봉주 그땐 한 달에 1억 5천만~2억 원씩 벌었어요. 다 까먹었지. 지금 건물이 40억~42억 원 정도 하는데 여기에 끼어 있는 부채가 30억 원이에요.

주진우 40억 원 건물에 30억 원이 부채예요?

김어준 그래도 아직 10억 원 남았네.

정봉주 아니지. 보증금이 8억 원. 세 줬으니까 보증금 8억 원. 이것과 연동돼서 마이너스 대출 2억 7천만 원.

주진우 집은요?

정봉주 집은 7억~8억 원짜리가 있어요. 우리 동네에서 엄청 비싼 집이야.

김어준 돈 벌 때 사셨구만.

정봉주 집사람이 산 거야. 내가 번 돈은 다 까먹었어요. 사업한다고 다 까먹었어.

김어준 이게 진짜 비겁한 게 등기부등본을 떼지 않으면 223제곱미터라는 걸 알 수 없잖아. 개인 서류를 다 뒤져본 거지. 등기부등본을 보면 은행 저당 액수가 정확하게 나온다고. '이게 대출 받아서 산 집이

다'라는 게 딱 나오잖아.

정봉주 가만, 나 더 까야 해. 통장은 마이너스 4천만 원. 신용카드는 의원 떨어지고 난 다음에 사용정지가 된 게 12회 정도 되고, 국민연금이 연체돼서 못 낸 게 10회에서 12회 정도.

김어준 그만!

정봉주 아니 더 까야 해. 진보는 간지다. 간지가 나야 한다. 3~4년 전에 돈을 잘 벌었어요. 나 낙선한 뒤 아내가 '차를 바꿔야 한다'고 해서 '뭘 사겠느냐'고 했더니 벤츠를 사야겠대. 그러면서 내 눈치를 봐요. 내가 당당하게 말했지. '사라. 네가 일해서, 도둑질 안 하고 번 네 돈으로 사겠다는데 사라.' 그래서 벤츠 S300. 내가 기끔씩 비깥에서 약속이 있을 때 쓰곤 해요. 내 차인 척하고. 동네 다닐 때도 벤츠 S300 타고 다녀요. 우리 동네 유권자들 전혀 뭐라고 안 그래. 능력 있으면 타야죠.

"새벽 4시부터 방송해서 열심히 대출금 갚고 있어요"

김어준 국민연금 12회 연체는 너무 비참해. 편집해. 돼지 너도 까봐. 말 나온 김에.

김용민 이거 깐다고 마누라한테 이야기 안 했는데. 경기도 용인시 기흥구에,

김어준 그런 건 말할 필요가 없어. 대충 까.

정봉주 차는 뭐야?

김용민 차는 2007년식 뉴카렌스.

정봉주 우리처럼 벤츠 타고 다니면 안 될까?

김어준 중고가가 대략 600만~700만 원 합니다.

주진우 10년 전에 800만 원 주고 산 차가 지금 600만 원이라고?

김용민 집은 34평인데 집값이 떨어져서,

김어준 떨어진 얘기는 하지 마. 슬퍼. 돈 있는 척해.

주진우 왜 그래. 더 비참해.

김용민 대출을 ○○○ 해서 지금은 ○○○ 정도 갚았습니다.

주진우 많이 갚았네.

김용민 열심히 갚았죠.

주진우 책 많이 쓰잖아.

김어준 그래서 아침부터 방송을 그렇게 많이 했구나.

김용민 그렇죠. 새벽 4시부터 방송을 해서,

김어준 앵벌이 아냐?

"아버지 나중에 다 갚을게요"

주진우 저도 까야 해요? 저는 ○○○ 전센데 ○○○ 대출이고.

김어준 얼마 갚았어?

주진우 아버지, 나중에 ○○○ 갚을게요.

정봉주 아버님 재산이 많아요?

주진우 아니요. 아버님은 그래도 제가 기자질 하면서 직장 다니는 걸 감사하게 생각하시는 분이어서…… 아무튼 우리는 돈이 많아.

김어준 4명이 모여서 '임금님 귀는 당나귀 귀'라고 겨우 말 좀 해보겠다는데, 엄청 큰 빌딩에서 수천 명씩 모여 있는 거대한 언론사에서,

주진우 사실 저희는 각하한테 충성할 시간이 부족한 사람인데 〈중앙일보〉요? 이런 배달의 기수, 배달의 형제들이 나와서, 참.

김용민 왜 배달의 형제예요?

주진우 옛날에 비자금 배달했잖아요. 이학수랑 홍석현이 비자금 배달하던 사람 아니에요?

김어준 〈중앙일보〉는 그걸 잘 몰랐던 거 같아. 뭘 몰랐느냐면 회장 폐하께 분의를 안 했어. 주진우가 회장 폐하님과 관련해서 기사거리가 많아요. 그쪽도 알고 있어. 물어보고 기사를 써. 우리는 전선을 확대하고 싶지 않거든. 우린 각하만 사모해. 주진우한테 이러면 안 돼.

주진우 사실 지는 삼성과 관련해서 이야기를 시작하면 부자가 됩니다. 삼성에서 다 알아서 해준다고 여러 번 이야기했어요.

김어준 제가 아침에 그 기사를 쓴 기자를 만났거든요. 아침에 우리 집 앞에서 뻗치기를 하고 있는 거야. 내가 뇌물 먹고 튄 공무원도 아니고 왜 집 앞에서 뻗치기를 하고 있어? 그래서 잠깐 만났는데, 그거 왜 있잖아. '사쓰마와리.' 경찰서 뺑뺑이 돌기를 막 끝낸, 방금 수습 끝낸 기자. 완전 신입인데 자기가 취재한 자투리 정보들이 어떤 목적으로 사용될지 모르는 신입이야. 그러니까 그 기자는 잘못이 없어. 문제는 그걸 엮어서 자기 목적대로 사용해 먹은 데스크!

정봉주 정보 보고를 그 친구가 올리면 데스크가 기사를 쓰라 마라 오

더를 주잖아요. 정보 보고 올라온 건 재미있게 우호적으로 잘 썼대. 그래서 다른 기자들이 '이걸 다 내지. 왜 일부 편집을 해서 내냐' 그랬다는 거예요. 그러니까 데스크는 다른 생각이 있었던 거예요.

김어준 그 기자는 데스크가 뭘 의도하는지 모르고 쓴 거야.

"우린 〈중앙일보〉 기자들이 한 일을 알고 있다"

주진우 〈중앙일보〉 홍석현 회장님 이야기를 하자면, 한남동 주택의 절반은 전시 시설입니다. 나머지는 주택인데 이거 세금 따져보면 문제 있습니다.

김어준 집 안에서 혼자 전시를 하시나?

주진우 집 안에서 혼자 몸을 전시하시는 것 같아요.

김용민 혼자 미술관을? 셀프 미술관. (킬킬킬)

김어준 집을 전시실 용도로 등록해놨어?

주진우 등록해놨습니다. 그리고 삼성 X파일에 '이회창 후보의 동생을 우리 집으로 오라고 해서 두 개를 실어 보냈다'라는 주옥같은 이야기가 나옵니다. 이 분이 예전에 주미대사로 임명받지 않았습니까? 그때 직계가족까지 포함해서 730억 원 정도의 재산신고를 했는데, 최근 종편에 1천500억 원 상당을 사재로 충당하겠다고 선포하셨어요.

김어준 나도 저만큼 돈 벌래. 나 부자로 보이고 싶어. 야, 대출 정보 편집해!

주진우 삼성코닝이라는 회사가 있어요. 삼성코닝은 홍 회장이 종편에 사재를 출연하겠다고 선언한 직후에, 벌어들인 이익보다 더 많은 액수를 갑자기 배당합니다. 배당액이 순이익보다 높아요. 그때 최대 주주인 홍석현 회장이 1천억 원이 넘는 돈을 배당받았습니다.

김어준 좋아. 여기까지 하자고. 우리는 각하한테 집중하고 싶어요.

주진우 각하한테 집중하더라도 이 이야기는 한 번 합시다. 〈중앙일보〉 기자들, 홍석현 회장이 검찰에 끌려갈 때 다 모여서 '사장님 힘내세요' 외치고, 공항출입기자까지 다 끌어 모아서 역할 분담했습니다. 다른 기자들한테도 어떻게 하라고 해놓고 '각본이 틀리잖아' 싸우고, 목을 졸랐어요. 목 조른 사건은 유명합니다. 삼성 김용철 변호사가 폭로한 삼성 비자금 사건을 어떻게 보도했습니까? X파일이 폭로되었을 때 〈중앙일보〉 기자들이 어떻게 보도했습니까? 그래놓고 지금 각하만 칭송하기도 바쁜 세상에 김 총수를 털어?

김어준 우리 네 명 모두 불완전한 인간이잖아. 더군다나 40년씩 대충 살았잖아요. 다들 과거에 실수를 했거나 잘못했을 수도 있어. 아무런 잘못 없이 완벽하지 않으면 각하에 대해서 입을 다물고 있어야 하나? 우리의 대답은 이거야. 싫다! 우린 떠들 거다!

- 이상 29회(2011년 11월 22일 방송)

주접 꼼수

위키리크스가 폭로한 각하의 진면목

"이명박 대통령은 뼛속까지 친미·친일이다"

김어준 우리 각하의 호연지기가 위키리크스에서 나오고 있어요. 그야말로 초대형 곶감 창고가 대방출됐어요. 야금야금 우리가 모조리 다 빼먹을 겁니다. 첫 번째 이야기, 촛불 때 나온 것입니다. 우리 각하의 형 이상득이 알렉산더 버시바우 주한미국대사를 만나서 이런 이야기를 했어요. "이명박 대통령은 뼛속까지 친일·친미다."

정봉주 친미를 먼저 했어요. "친미·친일이다."

김어준 그렇습니다. "친미·친일이다." 원문을 찾아봤어요. "President Lee was PRO-USA, PRO-JAPAN to the core."

정봉주 'to the core'라고 표현하는 게 쉽지 않은 거예요.

김어준 이건 이상득이 한 게 아니라 번역자가 한 거겠죠.

정봉주 맞아 맞아. 난 이상득이 했다는 줄 알고 깜짝 놀랐어. '뼛속까

우리 각하의 형 이상득이 알렉산더 버시바우 주한미국대사를 만나서 이런 이야기를 했어요. "이명박 대통령은 뼛속까지 친일·친미다."

지'를 어떻게 표현했을까 궁금했는데. (캴캴캴)

김어준 뼛속까지, 골수까지, to the core 친미·친일이어서 친미·친일 동맹을 강화할 것이다. 그런데 각하께서 대학생 때 한일협정 반대 시위를 했단 말이에요. 골수까지 친일인데 골수이식을 했을 리는 없잖아요. 뭔가 앞뒤가 안 맞는 거야. 위키리크스에 박정희가 정주영 회장한테 '이명박을 조심하라'고 했다는 내용도 있어요. 이걸 국민과의 대화 때 각하한테 물어보니까 "그걸 믿는 사람이 있겠는가? 새빨간 거짓말입니다"라고 했어요. 위키리크스가 거짓말을 했을 리는 없고. 1964년은 한일협정 발표되고 대학생들 열심히 데모할 때 아닙니까. 난리 났었잖아요. 그때 각하가 고대 데모 주동자예요. 만날 '민주화운동 했다' 하는데, 민주화운동의 뜻을 알아야지. 한일협정이야, 민주화운동이 아니고. 데모만 하면 다 민주화운동인 줄 알아.

주진우 골수까지 친일인 사람이.

김어준 그렇지. 앞뒤가 안 맞아서 제가 고대 학보를 뒤졌어요. 당시 각하가 학생회 회의 전문을 고대 학보에 실은 게 있어요. 그 내용을 보면 이래요. '한일협정에 근본적으로 반대하는 건 아니다.' 말이 좀 이상하죠? '왜냐하면 한일협정을 반대하면 우리 경제에 타격을 입을 수 있다. 하지만 매판자본과 일본 경제 예속이 우려된다.' 헉, 각하가 매판자본이란 단어를 쓰실 분이 아니잖아. 이럴 리가 없다. 여기에서 저는 의심이 들기 시작했습니다. 반대하는 건 아닌데 매판자본이 걱정되어서 데모를 한다니, 너무 이상하잖아. 그 뒤에 뭐라고 나왔냐면 '지금 미국의 지원이 점점 끊기고 있는데 일본과 미국의 관계는 돈독해지고 있다. 그래서 일본과 국교정상화를 해서 미국의 원조를 우리 쪽으로 끌어들여야 한다.' 스무 살짜리 대학생이 이런 식으로 생각할 수가. 이건 박정희 정부의 마인드죠. 당시 일반 대학생이 데모한 이유는 '일제 36년 치하 이후인데 푼돈 받고 왜 용서하느냐, 굴욕적이다' 이거거든요. 그런데 매판자본 같은 단어가 튀어나왔다가 일본과 국교를 정상화해야 미국의 원조를 끌어당긴다? 이건 말이 안 되잖아. 너무 말이 안 돼. 감이 왔어요. 뭐가 있다. 왜냐하면 그때는 일본과의 협상력을 올리려고 중앙정보부에서 대학생 데모를 방조하거나 부추겼다는 이야기가 있었잖아요. 국민과의 대화에서 각하가 그 일로 징역 5년 받았다고 하는데, 뻥입니다. 각하 뻥쟁이!

주진우 징역 3년에 집행유예 5년 받았습니다.

박정희마저도 "이명박을 조심하라"고 말했다는데

김어준 집행유예 5년 받았습니다. 실제로는 6개월 만에 나왔어요. 그 다음에 골 때리는 일이 벌어집니다. 각하가 한 이야기를 보면 취직이 안 돼서 청와대에 편지를 썼다는 겁니다. 그런데 청와대에서 그걸 보고 비서관이 찾아왔다는 거예요. '젊은 사람이 자기 힘으로 일어서는 것을 막는다면 이는 국가가 영원히 책임을 져야 할 일이다'(극동방송 2006년 11월 10일 방송). 이런 감동의 도가니가 있나. 대학생이 편지를 한 통 썼더니 독재자 시절에 청와대에서 바로 달려와.

주진우 각하를 알아보고 감동의 도가니를 만든 거죠.

김용민 허경영 총재 같아요. 두 분의 마인드와 삶의 궤적이 닮았습니다.

김어준 또 위키리크스를 보면, 당시 정주영 회장이 박정희의 말을 잘못 알아들어서 '조심하라'는 걸 '잘해주라'는 걸로 오해했다는 거예요. 이 오해에서 대한민국의 비극이 시작된 거야. 현대건설에 입사를 해요. 29세에 이사가 됩니다. 엄청난 속도로. 그리고 각하가 국민과의 대화에서 이런 말을 합니다. "입사 후 5년 동안 매달 회사에서 내 동태보고를 했더라고요." 중앙정보부에 사원 동태보고를? 여기서부터 우리 악마 기자 주진우가 따로 알아봤지?

주진우 1961년에 각하께서 고려대학교에 입학합니다. 1964년에 고려대 시위를 주도했다는데, 주도한 게 아니고 뒤에서 갑자기 시간차 공격을 하면서 리베로로 뛰어든 겁니다. 그런 식으로 6·3 시위를 주도하면서 정경대 학생회장도 하죠. 징역 3년에 집행유예 5년을 받아 6개월 만에 나왔습니다. 그 당시 같이 활동했던 사람들은 감옥에서 오래 있다가 나오면 바로 군대에 끌려갔습니다. 그런데 각하는 1964년에 현대에 입사합니다. 군필자나 면제자만이 회사에 들어갈 수 있었는데 각하는 그냥 입사합니다. 군대를 필하지 않았는데 말입니다. 군대를 면제 받은 것은 1965년이거든요.

김어준 군부독재 시절에 감방에 갔다 오면 면제 받기 힘든데.

주진우 사실은 학교를 졸업하지 않은 상태인데 졸업 처리되고, 군대를 필하지도 않았는데 건너뛰고 입사를 합니다. 감옥까지 갔다 왔는데. 그리고 1965년에 기관지확장증으로 면제를 받죠.

김어준 필요할 때 아파주시고, 필요할 때 골수이식이 되는 분이에요.

입사 5년 만에 이사로 승진, 박정희 아들이라도 돼?

주진우 감옥에 갔다 왔더니 학점도 받고 학교도 졸업 처리되고 취직도 된 특이한 케이스입니다. 그래서 주위에서는 '뭐가 있다.' 의심했죠. 이른바 프락치설이 돌았죠. 우리 각하께서는 입사 5년 만에 이사로 승진합니다. 당시 현대와 현대 주변에서는 각하가 '박정희 대통령의 숨겨둔 아들이다'라는 소문도 있었납니다.

김어준 재벌 회사 입사하자마자 스물아홉 살에 어떻게 이사가 됩니까.

주진우 1964년 한일굴욕협정 반대시위 때 1차 인혁당 사건이 있었어요. 그리고 1974년 유신 반대 시위가 크게 일어나자 남한 내에 간첩조직이 있다면서 인혁당 사람들 잡아다가 8명을 긴급조치위반으로 구속했는데, 1975년 4월 8일이었나요? 대법원에서 사형선고를 내리자마자 20시간 만에 사형을 집행했죠. 그런 시절이에요. 민주화운동한 사람들을 잡아다 고문하고 죽이던 시절인데 오직 각하만이,

김어준 그런 시절에 청와대가 편지 한 장 보낸 각하를 그렇게 챙겨? 그게 말이 되나?

정봉주 1980년대 전두환 독재 시절에도 전혀 학생운동을 할 것 같지 않은 친구가 갑자기 리베로로 튀어나오는 경우가 있었어요.

김어준 꼭 있어요. 요즘 인터넷 게시판에도 있어요. 우리 편인 것처럼 튀어나오는 경우.

정봉주 튀어나와서 학생운동을 열심히 해. 대체로 학생회장에 출마하려고 하는데 거의 그런 사람들은 잘 안 뽑혀요. 그러고 나서 군대에 갑니다. 군대에 가서 국정원에 출입해요. 이해가 되시죠? 이 학생은 학생운동에 뛰어들기 전에 이미 국정원과 어느 정도 관계가 있었던 거죠. 이런 사례를 프락치 사건이라고 해요. 그런 식으로 국정원에 들어간 친구가 우리 과에도 한 명 있었어요.

주한미국대사관이 만든 자료가 거짓이라고?

주진우 제가 2011년 초에 제3국에서 어샌지 쪽과 접촉한 일이 있습니다. 제가 어샌지 오른팔과 만났는데, '〈시사IN〉 주진우입니다'라고 하면 몰라보지 않겠습니까. 그래서 제가 "정통 시사 주간지입니다. 삼성의 강압을 받고 기자들이 다 뛰쳐나와 만든 괜찮은 언론입니다"라고 설명을 하고 다음에 만나기로 했어요. 위키리크스 2인자 다니엘 돔샤이트 베르크도 만났어요. 패스워드도 받고. 위키리크스 문건을 하나씩 폭로하려고 했습니다.

주한미국대사관에서 하나씩 만들어놓은 파일이 대단히 정교합니다. 주한미국대사관 참사관 누님들이랑 친하게 지냈습니다. 그 사람들이 정보원 교육을 대단히 철저하게 받아서 하루 종일 이야기한 뒤 집에 들어가면서 생각해보면 제가 이야기한 건 기억이 나는데 제가 들은 건 하나도 기억에 없어요. 그리고 며칠 뒤 그쪽에서 전화를 합니다. "그때 뭐라고 하셨나요?" 단어와 구절을 일일이 확인하는데 대단히 정교한 교육을 받았다는 인상을 줄 정도입니다. 이건 조작할 수가 없습니다.

김어준 저도 주한미국대사를 만난 적이 있습니다. 그 자리에 누군가 배석했고, 오고가는 이야기 다 적어요.

주진우 녹음을 하죠. 일반적으로.

김어준 다 적고. 굉장히 디테일하게 기억하거든요. 위키리크스가 확보한 주한미국대사관 문서가 잘못됐다는 건 말이 안 돼요. 단어의 어감이 뭐였는지까지 확인하기 때문에.

주진우 그걸 다시 확인합니나. 심형순 교수하고 함성득 교수가 위키리크스가 공개한 미국대사관 보고서에 나오지 않습니까. 이 사람들이 숨은 실세입니다. 이 분들, 대통령에게 큰 영향을 미치는 사람들입니다. 미국대사관 사람들이 보고서에서 언급한 사람들은 다 이번 정권에서 중용되었거나 대통령의 보이지 않는 숨은 실세들입니다. 미국대사관 문서에 문제가 있다는 것은 말이 안 됩니다.

- 이상 19회(2011년 9월 16일 방송)

기방 난동 사건

〈야망의 세월〉 쫑파티에서 생긴 일

정봉주 추석 때 아주 중요한 제보가 들어왔는데 각하를 모델로 한 드라마가 있었잖아요?

주진우 〈영웅시대〉.

정봉주 그때 주연이 유인촌이었죠. 각하가 서울시장이 아닐 때예요. 마지막 회를 찍고 회식을 하러 간 자리에서 우리 각하께서 정말이지 진상 행위를 했다는 제보가 들어왔어요. 그래서 나는 "내가 얘기 못 한다." 이건 각하를 음해하는 건데 못 한다. 여기까지만.

- 이상 19회(2011년 9월 16일 방송)

김어준 지난 회에 잠깐 얘기했던 '각하의 진상 얘기'의 제보자가 누굽니까? 제보자가 믿을 만해야죠.

정봉주 당시 그곳에서 근무했던 분입니다.

김어준 아, 기방에서? 기방 웨이터?

정봉주 누군지 모릅니다. 기방은 웨이터도 있고 여성분들도 있는…… 용산구 우체국 뒤에 있는 용호정이라는 요정이었는데, 뒤에 성안으로, 그리고 회종으로 이름이 바뀌었습니다.

주진우 그 요정은 독립문에 있는 풍림대원과 쌍벽을 이루는…….

정봉주 그렇죠. 여기는 1종이에요. 1종, 2종, 3종이 있는데, 2종, 3종은 세금을 덜 냅니다. 1종은 30퍼센트를 넘게 내요. 그리고 정식으로 여종업원을 두고 장사를 할 수 있는 곳입니다.

김어준 고급 요정이죠.

정봉주 고급 요정입니다. 우리가 지난 방송 때 실수를 했는데, 각하를 모토로 한 드라마가 〈야망의 세월〉이에요. 우리가 지난번에 뭐라고 했죠?

김용민 〈영웅시대〉.

정봉주 〈영웅시대〉는 왕 회장하고 이건희 회장을 모델로 만든 거고. 〈야망의 세월〉은 1990년 10월부터 1991년 10월까지 1년 동안 방송됐어요. 유인촌 씨가 이명박 대통령 역할을 했고 그 인연으로 해서 이명박 대통령과 유인촌 씨가 만나게 되는 겁니다. 〈야망의 세월〉 쫑파티하는 날 우리 각하께서 자애로운 마음으로 '식사를 한 번 사겠다'고 하셨대요.

주진우 각하가 진짜 사셨어요?

정봉주 샀죠. 사는 과정에 문제가 생긴 거예요. 원래 요정에서는 건설업

하는 사람들을 잘 안 받아줬다고 합니다. 거칠고 노가다라는 이미지 때문에 다른 손님들이 항의를 한대요. "왜 저런 손님을 받았냐?"

김어준 당시만 해도 우리 각하가 정계 거물이 아니었거든요.

어김없이 발휘된 '반띵 정신'

정봉주 그날이 일요일인데다 비도 부슬부슬 내려서 처음에는 예약을 못 받는다고 했다는 거예요. 그랬더니 여기저기서 전화가 와서 어쩔 수 없이 받았다고 해요. 그곳은 한 사람당 정확하게 가격이 15만 원이었다고 합니다.

주진우 몇 년도에 15만 원이었다는 거죠?

정봉주 1991년이요. 지금 가격으로 환산해보세요.

주진우 그 당시 15만 원이면 지금 가격으로는 50만 원은 되겠죠.

김어준 왜냐하면 그때 유럽 가는 항공권이 50만 원이었어요.

정봉주 음식이 40가지가 나오는데 손님 한 사람마다 여종업원이 한 명씩 붙어서 식사 서빙을 하는 곳이었다고 합니다.

주진우 옆에서 전도 부쳐주고.

정봉주 여기서 각하의 반띵 정신이 발휘된 거죠. 한 10명이 온다고 해서 "그러면 여종업원 10명을 준비해야겠습니다." 그랬더니 "10명까진 필요 없고."

김어준 어머나 일관되셔라. (푸하하)

정봉주 "반 이하로 줄여줘라" 해서 "그런 관례가 없습니다"라고 했더니 "우린 여자 손님도 많고, 여자 손님 옆에는 굳이 여자가 앉을 필요가 없지 않냐." 이런 논리를 갖다 대면서 사람 수를 줄인 거예요.

김어준 음식 서빙인데.

재떨이에 양주를 부어서……

정봉주 손님들이 이른 시각인 6시에 왔대요. 보통 이런 가게는 7시에 와서 식사를 하고 밴드 불러서 한 시간 놀고 나서 소면이나 이런 걸 먹으면 끝이래요. 그런데 각하는 6시에 오자마자 바로 양주를 시키고 사기 재떨이를 달라고 하더래요.

주진우 사기 재떨이?

정봉주 재떨이에 양주를 부어 마셨대요. 제보자가 본 각하 자서전에는 기관지확장증으로 술을 못 마신다고 되어 있는데, 당시에는 어마어마하게 술을 마셨대요.

김어준 재떨이에?

정봉주 재떨이에. 그리고 한 시간쯤 지나 밴드가 왔죠. 당시에는 밴드가 건반만 치는 게 아니라 기타도 쳐야 하기 때문에 체력 소모가 심해서 한 시간 이상을 못 버틴대요. 그런데 이 분들이 얼마나 체력들이 좋으신지 7시부터 11시 넘어까지,

주진우 노래 불러요?

정봉주 계속. 12시가 다 되어서 나갔으니까 5시간 밴드를 때린 거예요. 그 밴드 형님이 "누가 저런 손님 받았냐? 죽을 뻔했다." 그랬대요.

작가, 연출자들은 여배우가 취해 누운 것을 이해하는데, 우리의 '바람 쐬러 가자'고 한 분이 "어디 갔느냐. 데리고 오라"고 말한 거예요. 웨이터들이 그 여배우를 양쪽에서 부축해 데리고 갔더니, 만취가 되어 정신을 잃은 분하고 블루스를 췄다는 거예요.

그런데 양주를 〈넘버쓰리〉도 아니고 왜 재떨이에 마셔.

주진우 〈넘버쓰리〉는 각하를 보고 만든 작품이라니까요.

정봉주 여자 분들이 술을 잘 못 마시잖아요. 여성 탤런트 중 한 분이 만취한 거예요. 화장실에 가서 한 번 토한 이 여자 분을 웨이터들이 옆방에 눕혀줬어요. 그랬더니 30대 초반의 유인촌 씨가 "어디에다 눕혔냐? 잘 눕혔냐?" 건방진 모습으로 반말로 묻더래요. "우리가 잘 눕혀놨으니 신경 쓰지 마십시오"라고 했더니 "약을 사와라." 그랬대요. 작가, 연출자들은 여배우가 취해 누운 것을 이해하는데, 우리의 '바람 쐬러 가자'고 한 분이 "어디 갔느냐. 데리고 오라"고 말한 거예요. 웨이터들이 그 여배우를 양쪽에서 부축해 데리고 갔더니, 만취가 되어 정신을 잃은 분하고 블루스를 췄다는 거예요.

정신 잃은 여배우와의 블루스

주진우 블루스만?

정봉주 들어가 봤더니 넥타이를 머리에 두르고 난리를 피우는데, 블루스 추는 걸 자기들이 다 봤대요.

주진우 블루스 아니었죠?

정봉주 블루스 췄다니까. 블루스 추는 장면을 모두 다 봤는데,

주진우 그런데 왜 손이 거기 있어?

정봉주 블루스 췄다는 걸 종업원들이 다 봤는데, '저 취한 사람을 데리고 왜 저러지?' 하는 생각까지. 여기까지만 해요, 이건.

김어준 아까하고 이야기가 다르잖아.

주진우 주물럭주물럭은 어디에 있어?

정봉주 블루스를 추고 파장을 한 거예요.

김어준 그걸 다 봤다는 거예요?

정봉주 그 안에 종업원들도 다 있었고, 또 들락날락하는 친구들도 있어서 다 본 거죠.

김어준 우리 각하, 호연지기!

정봉주 기방 난동 사건이라고 했잖아요.

주진우 남들의 눈은 의식하지 않고 쓰러지는 사람을…….

김어준 이것은 인류애야.

정봉주 12시가 다 됐는데 밴드비 계산 가지고 실랑이가 붙습니다. (캴캴캴) 네 명이 기타를 치기 때문에 실제로 체력 소모가 많대요. 네 명이 한 시간 하면 가격이 5만 원이고 단체로 하면 7만 원이래요. 단체이고 5시간이니까 35만 원이거든요. 안에서 나온 팁을 계산했더니 15만 원 정도 나오고. 밴드 계산서를 넣었더니 계산하시는 분께서 "밴드 비용 다 줬다"고 했다는 거예요.

김용민 안 줬는데?

정봉주 "안에서 팁을 줬으니 그게 밴드비용이다." 그래서 "이렇게 이렇게 계산해서 35만 원 나왔습니다." 그랬더니 "무슨 얘기냐! 안에서 다 줬다."

주진우 그 밴드는 누구하고 이야기한 겁니까? 각하하고?

"우리가 좀 지저분한 손님 받았다"

정봉주 계산하는데, 다 모여 있는데 이랬대요. "너 삥땅 친 거지. 돈 다 꺼내봐. 주머니 털어." 밴드 마스터 주머니에서 15만 원 나왔고 그 사람이 "15만 원 주셨어요. 나머지 주셔야죠"라고 말했지만 소용없었죠. 결국 지배인이 그 밴드 형님들한테 "너희들이 참아라. 우리가 좀 지저분한 손님들을 받았으니 15만 원 받은 걸로……."

주진우 결국 못 받은 거네요. 반띵 정신이 거기에서부터…… 좀 씁쓸하네요.

- 이상 20회(2011년 9월 23일 방송)

각하의 키스타임

뺑쟁이 우리 각하

김어준 각하께서 추석 전날 방송에 나오셨어요. 보셨어요? 국민과의 대화.

정봉주 오늘 들었어요.

김어준 안철수 현상에 대해서 "올 것이 왔다"라고 말하셨어요. 그리고 안철수 현상은 "정치 책임이다"라고 했는데, 여기에서 한 문장이 빠졌죠. '정치의 책임이다. 나만 빼고.' 총 쏴서 사람이 죽었는데 '방아쇠 때문이다'라고 하는 거죠. 손가락은 자기 건데, 마치 자기를 남 보듯이 하는, 자기를 전혀 무관한 사람인 것처럼 말하는 정신적 외출 상태. 전지적 각하 시점에서만 나올 수 있는 유체이탈 화법. 야구장에 가서 뽀뽀한 이야기 하셨어요. 그러면서 뭐라고 했냐면 "갑자기 그렇게 됐는데, 잘됐다."

주진우 그렇죠. '잘됐다'. 뽀뽀가 어떻게 됐는데 잘된 거죠?

김어준 '갑자기 그렇게 됐다'는 것은 우연히 그렇게 됐다는 거죠. 야구장에 놀러 갔는데…….

주진우 키스타임이 되면 다 키스하는 줄 아나봐.

김어준 우리는 이런 거 들으면 바로 확인 들어가잖아. 악마 주진우가 확인하러 갔어.

주진우 제가 연휴 때 잠실야구장에 가서 이벤트 담당하는 사람들을 만났는데, 그분들 얘기가 VIP가 야구장에 오는 거 결정된 며칠 뒤 그쪽에서 야구장에서 할 수 있는 이벤트가 뭐가 있냐고 물어봤답니다.

정봉주 아, 청와대에서?

주진우 네, 청와대 경호팀에서 이야기를 했겠죠. 'VIP가 참여할 수 있는 이벤트가 뭐가 있는가?' 물어봤답니다. 그래서 '이런저런 이벤트가 있습니다'라고 이야기했더니 키스타임을 하겠다고 해서 '몇 번째 카메라가 비추기'로 세팅이 되어서 키스타임이 이뤄졌답니다. 여러 사람을 통해서 확인할 수 있었습니다.

김어준 그런데 이걸 '갑자기 그렇게 됐는데. 잘됐다'고? 뻥쟁이 우리 각하! (푸하하)

주진우 어떤 분이 이런 글을 써놓았어요. '각하 얼굴을 안 보고 살아요. 임신 중이어서. 혹시 닮을까 봐 나꼼수 듣는 걸로 태교를 대신하고 있어요. 며칠 전 야구장에서 (각하 부부가) 키스하는 것을 보고 난 후, 입덧이 돌아오고 말았어요.' 제가 대신 사과드리겠습니다. (수줍수줍)

'각하 얼굴을 안 보고 살아요. 임신 중이어서. 혹시 닮을까 봐 나꼼수 듣는 걸로 태교를 대신하고 있어요. 며칠 전 야구장에서 (각하 부부가) 키스하는 것을 보고 난 후, 입덧이 돌아오고 말았어요.' 제가 대신 사과드리겠습니다.

정봉주 우리 지역에 아주머니 한 분이 어디서 인도를 받아서 나꼼수를 내려 받았대요. 그런데 이 분이 아파트에서 요즘 더우니까 그걸 엄청 크게 틀어놓고 있는 거예요.

주진우 나꼼수를요?

정봉주 나꼼수를. 옆집에서 항의하러 오라고 틀어놓는 거예요. 그래서 그 아파트 전 층이 나꼼수를 듣는데, 문제는 여섯 살짜리 아이가 온 동네를 다니면서 각하 욕을 한대요. (캴캴캴)

- 이상 19회(2011년 9월 16일 방송)

"내 방귀가 좀 구린가?"

축농증 탓에 냄새에 둔감해서

주진우 각하의 옛 비서관 김유찬 씨에 따르면 우리 각하도 국회 속기록에 자주 등장하셨대요. 그런데 말은 아니었고 다른 부분이었다고.

김어준 속기록에?

주진우 속기록에. 속기사가 물어봤답니다. "김 비서관님, MB 축농증 있으세요?" 김유찬 비서관이 "왜요?" 했더니 "왜 이렇게 코를 자주 풀어요? 코를 팽팽 너무 깜짝깜짝 놀라게 풀어서…… 속기록에 코 푸는 소리도 기재해야 할까 봐요." 이건 의원님이 잘 아실 거 아니에요?

정봉주 들리는 소리는 다 기록해야 해. 처음에는 '코 푸는 소리로 추정됨'이라고 해야 해요. '코 푸는 소리' 이러면 안 돼요. 왜냐하면 뒤에서 소리가 난 거고 속기사는 못 봤잖아요.

주진우 네, MB가 축농증이 심해서 상임위나 국감 때 시도 때도 없이 코를 풀어서 소리가 난다고도 하고 코를 푼 휴지가 휴지통에 가득 찼다고도 하고…… 승용차 안에서 각하께서는 방귀도 자주 뀌어주는 인간적인 면모를 보여주셨습니다.

김어준 개고기를 너무 많이 드셔서.

주진우 MB가 방귀를 뀌면 냄새 때문에 죽을 지경이었대요. 그래서 이 비서관은 꾹꾹 참는 스타일이었고, 권 보좌관은 슬며시 창문을 열고 코를 바깥으로 내놓는 스타일이었대요. 그런데 각하께서는 축농증 때문에 스스로는 이 냄새를 잘 맡지 못했죠. 그래서 한 마디 하십니다. 미안하셨는지. "내 방귀가 좀 구린가?" 그렇게 말씀하셨다죠.

- 이상 20회(2011년 9월 23일 방송)

달면 삼키고 쓰면 뱉고

홍준표가 당대표 선거에 나선 까닭

정봉주 왜 하필 이때 당대표를 하세요?

홍준표 정권 말기가 되면 덮어써야지 도리가 있습니까?

정봉주 당대표도 어떻게 비주류 당대표야?

홍준표 초기에 나한테 당대표 시켜줬겠어요?

김어준 이 이야기는 내가 알아. 초기에 법무부장관 하려고 했잖아요.

홍준표 준다고 몇 번 약속했지.

김어준 법무부장관 시켜준다고 기대하고 있을 때, 제가 이야기했잖아요. 절대 안 시켜줄 거라고. 기억나세요?

홍준표 준다고 하니까 시켜줄 줄 알았지. 그런데 안 시켰어.

주진우 왜 안 시켰어요?

김어준 그게 각하의 방식이야. 쓸 때 쓰고 버릴 때 버린다는 거지.

제가 평검사 때 장관·총장·청와대 말 안 듣고 반란을 두 번 일으킨 적이 있어요. 그래서 주위에서 각하께 그랬답니다. '작은 칼 쥐고 있을 때에도 마음대로 하던 사람인데 큰 칼 주면 무슨 짓을 할지 모른다.' 그래서 제가 법무부장관 될 뻔한 적이 두 번이나 있었는데 못했습니다.

주진우 홍 대표는 각하가 제일 어려울 때 손 잡아준 사람인데.

홍준표 그래도 내가 초기에 원내대표는 한 번 했잖아요.

김어준 당대표는 홍 대표님 힘으로 된 거예요. 법무부장관도 안 시켜주고 계속 약속노 안 지키다가 나중에 이상한 장관 한 번 시키려고 했다고요. 홍 대표님이 열 받아서 '내가 대표해버린다.' 사연이 이렇게 된 거예요. 맞죠?

홍준표 이상한 장관 한 번 할 뻔했는데 내가 그건 안 한다고 했어.

김어준 홍 대표님이 원래 각하하고 친하거든요. 형님 동생 하는 사이예요. 그래서 각하 초기에 법무부장관 할 줄 알았어. 각하도 시켜준다고 했어.

홍준표 제가 평검사 때 장관·총장·청와대 말 안 듣고 반란을 두 번 일으킨 적이 있어요. 그래서 주위에서 각하께 그랬답니다. '작은 칼 쥐고 있을 때에도 마음대로 하던 사람인데 큰 칼 주면 무슨 짓을 할지 모른다.' 그래서 제가 법무부장관 될 뻔한 적이 두 번이나 있었는데 못했습니다.

김어준 형님은 버림받으신 거라니까.

홍준표 버림 안 받았어요. 나는 내 힘으로 사는 사람이오.

김어준 그런데 열 받으신 거예요. 왜냐하면 법무부장관 안 시키고 2011년 하반기에 이상한 장관 시킨다고 하는 거예요.

주진우 이상한 장관이 뭐예요? 환경부요?

김어준 정권 말기가 되니까 환경부장관이나 던져준다 이거지. 그래서 홍 대표님이 열 받은 거예요. 그럼 내가 대표 해버린다. 그래서 당대표에 출마해 당선한 거예요.

- 이상 23회(2011년 10월 15일 방송)

최후의
정봉주

대법원 선고 전야

정봉주를 겨눈 칼

김어준 드디어 3년을 미뤄왔던 정봉주 BBK 사건 대법원 판결이 오는 목요일 12월 22일 오전 10시 1호 법정에서 내려질 예정입니다.

주진우 드디어 올 것이 왔습니다.

김어준 드디어 사식을 넣느냐 마느냐. (푸하하)

주진우 정봉주 의원은 감방 적응을 위해 어제부터 베란다에서 주무시기 시작했습니다. 그러다가 입 돌아가. 잘 때는 편히 자야지.

김어준 이 문제를 저희가 호외로 다뤄보려고 합니다. 주진우 기자 역시 BBK 사건과 관련해서 기소됐다가 무죄 판결이 났는데 기소된 사람들 기록을 뒤져보죠.

주진우 정봉주 의원님은 2008년 5월 1심에서 유죄 판결을 받으셨죠. 그해 12월 2심에서도 유죄 판결을 받았는데 박홍우 부장판사께서

검찰은 '이명박 후보와 한나라당이 아니라고 하는데 왜 아니라는 걸 믿지 않고 자꾸 허위사실을 유포하느냐'라며 유죄라는 거예요.

증거인멸 및 도주의 우려는 없다며 법정 구속은 하지 않았습니다. 하지만 재판부는 여러 정황을 종합해볼 때 정 의원이 이명박 대통령이 BBK와 관련이 있다고 주장한 내용이 허위사실이라며 이명박 대통령의 손을 들어줬죠.

김어준 당시에는 각하가 된 다음이죠. 이명박 대통령일 때죠.

주진우 가장 힘이 셀 때였습니다. '김경준 씨의 주장과 그에게서 나온 서류에 대해 한나라당이 반박하고 소명자료를 제출했다. 그렇다면 두 개를 견주어볼 때 진실성이 있는 부분이 이명박 후보인데 왜 김경준의 말만 들었느냐'라며 유죄 판결을 내립니다.

김어준 그때는 대통령 후보 시절.

주진우 당시 이명박 후보가 BBK와 관련된 명함을 내놓은 것이 밝혀졌고, '이 회사는 내(이명박) 회사다'라는 것을 입증해줄 동영상이 있었어요.

김어준 그런데도 검찰은 '이명박 후보와 한나라당이 아니라고 하는데 왜 아니라는 걸 믿지 않고 자꾸 허위사실을 유포하느냐'라며 유죄라는 거예요.

무조건 이명박 말이 옳다?

정봉주 재판이 완전 코미디였어요.

김어준 재판의 내용은 한 가지예요. '이명박 후보가 주장하는 게 맞다. 그런데 왜 정봉주가 거짓말을 해? 거짓말을 했기 때문에 유죄다.' 이거예요.

정봉주 그래요. '이명박 후보가 아니라고 하면 그 말을 좀 믿어야지.'

김어준 말하자면 정봉주는 본인이 이명박 후보 말이 맞다는 걸 알면서도, 본인의 말이 거짓말인 걸 알면서도 거짓말을 했기 때문에 허위사실 공표라는 거야.

주진우 그렇죠. 괘씸죄라는 거죠.

김어준 그의 말을 믿지 않았다는 거지.

주진우 '정봉주는 한나라당이나 이명박 후보의 주장이 믿을 만한 사실임에도 불구하고……' 이건 말이 안 돼. BBK는 다시 말해도 말이 안 됩니다.

김어준 양쪽의 주장이 부딪혔는데 검찰이 이명박 편을 드는 건 그렇다고 쳐. 재판부 역시 '검찰과 이명박 후보 측의 말이 맞는데'라고 전제하고 재판을 했다고.

주진우 그래서 판결문에 이런 부분이 있습니다.

'후보에 대한 의혹을 제기하는 자유는 보장되어야 하고 의심할 만한 정당한 사유가 있으면 이를 허용해야 하지만 수사기관 등이 내놓은 결과와 다른 견해를 밝히려면 결과 발표 전보다 훨씬 신중해야

한나라당의 주장과 이명박 후보의 주장을 들었음에도 불구하고 이를 무시하고 신중치 못하게 말했기 때문에 '당신은 유죄다'라는 거죠.

한다.'

한나라당의 주장과 이명박 후보의 주장을 들었음에도 불구하고 이를 무시하고 신중치 못하게 말했기 때문에 '당신은 유죄다'라는 거죠.

정봉주 더 재미있는 건 이런 대목이에요. '김경준에게 확인해봤느냐?' 그때 김경준은 구속된 상태에서 수사를 받고 있었거든요. 그리고 '이명박 측에 이 내용을 가지고 확인해봤느냐?'

주진우 저한테도 그렇게 이야기했어요.

검찰 공소장과 똑같은 판결문

정봉주 우리 변호사가 '이걸 가지고 논쟁이 붙었는데 어떻게 상대방에게 확인하느냐. 이 판결문은 검찰 공소장을 그대로 쓴 것에 불과하지 않느냐'고 항의를 해도 안 들어요.

김어준 당시는 집권 1년 차 때예요. BBK가 당시에 대단히 중요한 사건이었기 때문에 정치적 재판을 할 수밖에 없었을 거라고 봐요.

주진우 대선 당시 BBK 저격대장이 정봉주 의원이었어요.

김어준 얼마나 사람이 없으면 정봉주가 대장을 했어?

주진우 그때는 꼼꼼하게 잘했어요. 저는 몇 선 되는 줄 알았어요. 당시 서초동 팀 가동하셨죠? 서초동 팀이 대단히 중요한 증거를 많이 확보했습니다. 계좌도 발견하고.

김어준 잘했어요. 대단했어요.

주진우 그 당시 검찰이 BBK팀의 김종률, 박영선, 김현미, 서혜석 의원 등을 찍어서 수사했는데 기소도 못했습니다. 오직 1명, 정봉주 의원을 기소했습니다. 당시에 BBK 수사팀이 저를 고소했고, 김경준의 변호사 김정술, 홍선식 씨를 고소했습니다. 정봉주 의원은 형사로 고소를 했습니다. 그런데 1심에서 이 사람들이 모두 졌습니다.

김어준 당시 비슷한 시기에 재판이 있었고 전원이 졌어요.

주진우 당시 김현미 의원이 BBK 저격수로 날리다가 괘씸죄로 걸려들었습니다. 김윤옥 여사가 명품 시계(프랭크 뮐러)를 차고 있다고 말했다가 표적이 되었죠. BBK 팀이었기 때문에 표적으로 찍혔다는 이야기가 정치권에서 나돌았습니다. 김 의원은 허위사실 유포 등 선거법 위반으로 2009년 6월에 집행유예 1년이 확정됩니다. 10년간 피선거권이 박탈되는데,

김용민 출마를 못하는 거죠.

주진우 김 의원은 2010년 8월에 광복절 특사로 사면됩니다. 정치권 사건은 이렇게 사면으로 정리됩니다.

김어준 원래 선거와 관련해서 실형을 때린 전례가 없어요.

주진우 이명박 대통령이 취임 후 자기와 관련된 선거법 사건에 대해서는 '소송을 모두 취하하겠다' 그리고 '거두겠다'고 했는데 오직 정봉

주 전 의원만 남습니다.

김어준 얼마나 까불었으면 그랬겠어.

정봉주가 얼마나 미웠으면

김용민 얼마나 미웠으면.

주진우 2008년 5월 1심 재판이 있었는데 검찰이 갑자기 선고를 유예해달라고 합니다.

정봉주 일정을 미뤄달라고 한 거죠.

주진우 어떻게든 정봉주 의원을 잡으려고 한다는 게 티가 나는 것이, '너무나 중요한 기획입국설을 조사하고 있으니 정봉주 의원 선고를 미뤄달라'고 하면서 계속해서 파고 들어갑니다.

김용민 기획입국설에도 정봉주 의원이 연관되어 있다?

정봉주 기획입국설과 관련해서 이메일을 주고받은 흔적들을 조사하고 있으니 '선고 기일을 미뤄달라'고 했죠.

김용민 가중처벌을 하려고?

정봉주 아니죠. 그때는 검찰에서 유죄를 주장하기가 어려울 정도로 저한테 유리하게 재판이 진행됐어요. 재판부나 출입기자들이 '무죄로 가는 것이 확실시된다'고 보는 흐름이 있었죠. 그런데 재판부가 '조금 더 보완 증거를 내겠다. 심리를 연기해달라'는 검찰의 뜻을 받아들여 판결 기일을 연기합니다.

주진우 그렇게 연기가 되어서 1심에서 유죄가 확정됩니다.

김어준 정 의원과 관련된 기소 건이 4건이었는데 4건 모두.

주진우 4건 모두 유죄가 확정되고 징역형 1년이 선고됩니다. 도주 및 증거인멸의 우려가 없다고 해서 구속되진 않았지만 징역형이 선고됐어요.

김어준 집행유예 없이.

주진우 네. 12월에 2심에서 유죄가 확정됩니다. 그런데 1심에서 졌던 저는 2011년 승리합니다. 주진우 승리 선고가 있던 날 서태지·이지아 씨 이혼 소송 소식이 터진 거죠. 그다음에 김정술, 홍선식 변호사가 이겨서 BBK 검찰 수사팀 패소. 2심에서 손해배상 청구와 관련해 검사들이 모두 졌는데, 정봉주만 2심에서 졌습니다. 그리고 대법원에서,

정봉주 검찰이 대부분 진 이유는 이거죠. '사실로 믿을 만한 충분한 근거가 있었다.'

주진우 김정술 변호사도 대법원에서 무죄로 확정됐습니다. 그는 김경준 씨의 변호사였기 때문에 정 의원보다 발언 강도가 높았습니다. 김 변호사는 '이명박 후보가 BBK를 설립하거나 운영에 관여해 실질적으로 소유했고, 김경준이 검사에게 회유·협박을 당했다'고 주장했어요. 이렇게 세게 얘기했는데 이 부분도 무죄가 확정됩니다.

정봉주 그의 워딩이 저보다 훨씬 강해요.

죄 무거운 에리카 누나는 기소유예

주진우 중요한 게 하나 더 있습니다. 에리카 누나는 BBK 자금을 빼돌리고 주가 조작을 공모했다는 혐의를 받았습니다. 그리고 '이명박 후보가 BBK를 세우고 운영했다'고 비방한 혐의가 있습니다. 에리카 누나는 여러 인터뷰에서 "이명박 대통령이 BBK를 만들고, 주가 조작을 하고서는 동생에게 뒤집어씌웠다"고 말했습니다. 그런 그녀가 2011년 초에 갑자기 귀국한 뒤 특수1부 이동렬 부장검사에게 조사를 받았는데, 기소유예 처분을 받았죠. 검찰이 다 털어줬죠. 에리카 김 누나는 정봉주 의원보다 죄가 훨씬 무거운데.

김어준 정봉주 전 의원이 허위사실 유포로 기소되어서 징역 1년형을 받았는데, 정 의원 발언보다 훨씬 더 세게 말했던 사람들은 무죄가 됐죠. 정봉주 전 의원만 남았어요.

그럼 앞에서 말한 네 가지 기소 건이 뭐였냐? 첫 번째는, 박수종 변호사라는 분이 있었어요. 이 분이 처음에 김경준 씨의 변호사였어요. 그러다가 사임을 했거든.

주진우 갑작스럽게 사임했습니다.

정봉주 김경준이 들어오고 4~5일 만에 갑자기 사임했어요.

김어준 기자가 정봉주 전 의원한테 전화를 해서 "박수종 변호사가 왜 사임했다고 생각하십니까?"라고 물어봅니다. 물어보니까 뭐라고 답하셨어요?

정봉주 '그걸 내가 어떻게 아냐? 잘 모른다'고 하니까 "김경준 측하고 연락을 주고받은 것 없습니까?" 하는 거야. 그래서 "저는 김경준이 주가 조작 사건에 연루되어 있다고 보기 때문에 그분의 말을 듣지 않고 자료를 보는 겁니다. 그쪽과는 연락을 안 합니다"고 했어요. "그러면 왜 사임하신 거 같나요?"라고 해서 '모르겠다' 했더니 "혹시 생각나는 거 없어요?" 하길래 '사안 자체가 경제 사건인 것 같은데 들여다보니 상당히 위중한 사건인 걸로 판단하지 않았겠느냐. 자칫 잘못하면 이명박 후보가 감옥에 갈 수 있는 사건인 것 같은 판단도 하지 않았겠느냐'라고, '~한 것 같다'고 이야기했어요.

김어준 내용이 이거예요. '사안이 위중하여 당시 이명박 후보가 자칫 잘못하면 이 건으로 감옥에 갈 수도 있을 거라 판단하는 것도 같다'라고 표현했어요. 의견을 표현한 거죠. 박수종 변호사가 왜 사임을 했을 것 같으냐는 질문에 의견을 표현한 거죠. 그걸 기사로 썼어요.

주진우 BBK와 이명박 후보가 연결되어 있다는 증거가 나오면 각하가 감옥에 갈 사안이 맞습니다.

정치인이 기자에게 의견 피력한 게 허위사실 공표라고?

김어준 박수종 변호사가 왜 사임했는지 모르니까 본인이 추정해서 '것 같다'고 의견을 피력했어요. 이걸 의견 피력으로 봐주지 않고 허위사실 공표로 본 거예요. 그리고 정말 따지고 나서야 할 사람은 박수종 변호사거든. 누군가의 명예가 훼손됐다면 박수종 변호사의 명예가 훼손된 거라고. 박수종 변호사는 고소고발을 원하지 않는다고 했어요. 그런데 검찰은 '것 같다'를 의견의 표출로 보지 않고 허위사실의 공표라고 이야기했고 유죄로 보았어요.

정봉주 이 사안에 대해서 한나라당 측에서 고소고발을 했죠.

김어준 두 번째는 뭐냐면, 김백준 씨라고 있어요. 흔히 각하의 집사로 추정·거론되는 청와대 총무비서관. 각하가 현대 시절부터 같이 일해온 김백준 씨에게 이런 일이 벌어집니다. 2001년 4월 18일 이후로는 이명박 각하(당시 후보) 측과 김경준 측하고는 서로 거래가 없이 완전히 결별했다고 했어요. 5월에 김경준에 의해서 주가 조작 사건이 일어납니다. 김경준이 주가를 조작했을 때는 이미 결별을 해서 각하는 주가 조작과 상관이 없다는 주장인 거죠.

그런데 정봉주 전 의원이 큰 것을 찾아냈어요. 다스가 김경준한테 투자한 140억 원을 돌려달라고 미국에서 소송이 벌어졌단 말이죠. 미국에서 법정 다툼을 하는 과정에서 다스가 회계보고서를 제출해요. 그 회계보고서에 따르면 김경준이 주가 조작을 할 때 워튼이라는 유령회사를 이용합니다. 정봉주 팀에서 워튼이라는 유령회사가 한국의 신한은행과 외환은행을 통해서 98억 원을 입출금한 흔적을 찾아낸 거예요. 과연 이 계좌의 주인이 누군지 확인하기 위해서 정봉주 의원 보좌관이 인터넷 뱅킹으로 그 계좌에 1천 원을 입금했어.

주진우 진짜 기가 막히게 잘 찾았어요. 저는 무릎을 쳤어요.

주가 조작에 이용된 유령계좌 주인은, 각하 대리인 김백준

김어준 1천 원을 입금했더니 계좌 예금주가 찍힌 거야. 김백준이라고 찍힌 거예요. 계좌가 두 개인데 하나는 중지됐고 하나는 살아 있었어요. 살아 있는 건 김백준이라고 찍혀 나와요. 그 거래 일자가 5월 28일로 찍힌 거야.

정봉주 4월 18일까지만 김경준과 관계가 있다고 주장했는데,

김어준 '5월 28일까지도 거래가 있지 않았느냐' 하는 근거가 나온 거지. 김백준 씨는 각하의 측근이고, 밝혀진 바로는 각하의 대리인으로 BBK 재판을 총괄한 사람이에요.

주진우 미국 재판을 총괄하던 사람입니다.

정봉주 미국 재판의 법적 대리인이에요. 각하의 법적 대리인.

김어준 정 의원이 입출금 내역을 근거로 해서 '각하가 김경준과 4월 18일에 헤어진 게 아니다. 그 이후에도 관계가 있었다'고 주장했는데, 이것 역시 허위사실 공표로 유죄 판결을 받았어요. 입출금 내역이 적힌 거래 내역서는 다스가 미국 법정에 제출한 거예요. 다스가.

정봉주 다스가 제출한 회계보고서에서 찾은 거예요.

김어준 정봉주 전 의원이 한 일은 그 입출금 내역의 계좌 주인이 누구인지 1천 원을 입금해서 4월 18일 이후에도 거래가 있었다는 것을 찾아낸 거야. 더군다나 워튼은 주가 조작을 주도한 유령회사야. 그러므로 그때도 관계가 있었다고 주장한 거야. 이것도 허위사실 유포로

걸렸어. 세 번째는 뭐냐면,

김용민 그게 허위사실이라는 검찰의 근거는 뭔가요?

계좌 주인 찾은 게 죄인가

김어준 정 의원 측에서 당시 개인 계좌라고 주장했는데 법인 계좌라는 거야. 개인 계좌든 법인 계좌든 거래가 있었다는 게 중요한 거잖아. 김백준 씨를 고리로 해서 5월에도 김경준과 거래가 있었다는 게 중요한 건데, 어쨌든 허위사실 유포로 유죄 판결을 내립니다. 맞죠?

정봉주 네.

김어준 세 번째가 더 재미있어. 김백준 씨와 BBK가 관계가 있다는 내용이에요. 김백준 씨와 BBK가 관계가 있다는 것을 주장한 근거는 이래요. 첫 번째로, 김백준 씨가 교보생명 사장 취임식에 축하 화환을 보내. 그 화환 주문서에 'BBK 투자자문회사 부회장 김백준'이라고 쓰여 있었어. 이걸 찾아냈어. 이거 어떻게 찾아냈어요?

김용민 그때 시점이 언제예요?

정봉주 6~7월쯤이에요. 4월 이후죠.

김어준 또 있어. 한 문서를 찾아냈는데 거기에 BBK라고 쓰여 있고, 김백준 씨에게 돈이 지급된 기록이 있어요. 그걸 급여로 이해한 거야. 급여를 지급받지 않았느냐는 의혹을 제기했죠. 또 당시 이장춘 대사가 각하로부터 명함을 받았다고 공개한 적이 있어요. 그런데 이 분이 똑같은 회사의 명함, 김백준이 부회장으로 기재되어 있는 회사의 명함을 받은 거야. 정말 자료를 잘 찾았어. 그리고 또 하나를 찾아냈어. 금감원에 제출하는 인력 현황 보고서. 우리의 인력이 이렇고 변동 사항은 이렇다고 적은 보고서를 찾았어. 그 보고서에 김백준 씨가 BBK의 리스크매니저로 기재되어 있어.

주진우 당시 김백준 씨가 이명박 대통령 밑에서 BBK를 관리했다는 증거는 15개도 넘고, 이명박 대통령도 마찬가지입니다.

김어준 그중에서 화환에 '부회장'이라고 쓴 것을 거짓말이라고 생각할 리가 없잖아.

정봉주 그렇죠. '부회장'이라고 써서 보냈으니 그렇게 이해하는 게 당연하죠.

김어준 게다가 명함도 있고.

주진우 이 모든 걸 검찰에서는 증거로 채택하길 거부합니다. 재판부에서도 거부합니다.

정봉주 이렇게 이야기합니다. '이런 자료가 나왔지만 전체 상황과 사실 관계를 이해하는 데 큰 영향을 미치지 아니한다.'

진짜로 웃긴 건 이명박 당시 대통령 후보의 친구인 이장춘 대사가 BBK 회장이라는 각하의 명함을 받은 날짜가 4월 18일 이후예요. 선거 10일인가 15일 전에 이장춘 대사가 기자회견을 해서 이 사실을 공개해요. 이장춘 대사는 각하의 30년 지기야. 그분은 명함을 받으면 언제 받았는지 구체적인 디스크립션을 명함에 해요.

김어준 기록벽이 있다고.

MB 쪽에서는 30~40분 통화하면서 "친구가 이럴 수 있냐"고 화를 냈죠. 이에 대해 이장춘 대사의 말이 걸작이에요. "나는 거짓말하면 아들새끼라도 용서할 수 없다. 네가 나한테 준 거 아니냐."

"거짓말하면 아들새끼라도 용서할 수 없다"

정봉주 그게 4월 18일 이후야. "당신이 김경준과의 관계를 끊었다고 하는 그 이후에도 이 명함을 썼고, BBK 회장이라고 하는 것도 명함에 있지 않느냐"고 말했어. 그러자 MB 쪽에서는 30~40분 통화하면서 "친구가 이럴 수 있냐"고 화를 냈죠. 이에 대해 이장춘 대사의 말이 걸작이에요. "나는 거짓말하면 아들새끼라도 용서할 수 없다. 네가 나한테 준 거 아니냐."

주진우 친구한테 새로운 사업을 시작했다고 명함을 줬어요. 그런데 장난이야. 다 구라야. 인생이 개구라야.

김어준 그 명함과 똑같은 모양의 명함에 부회장이라고 기재되었다는 거야.

정봉주 그게 김백준의 명함이에요. 명함 형식도 똑같아.

김어준 또 있어. BBK와 연관된 회사인 LKe뱅크라고 있어요. 자세히 알 필요 없어. 연관됐다는 것만 알면 돼. 회사가 너무 많기 때문에 다 알려면 복잡해. 하지만 다 연관되어 있어.

주진우 에리카 누나는 그게 각하의 수법이라고 하셨습니다. 이름을 막 만들어서 머리를 복잡하게 하는 수법. 외국에는 없는 수법.

김어준 LKe뱅크를 100퍼센트 각하가 소유했다는 의혹을 제기한 부분이 있어요. 이 LKe뱅크가 2001년 7월 23일 신도리코에 세금계산서를 하나 발행합니다. 그 세금계산서에 대표이사가 각하로 되어 있는 거야. 7월 23일 발행한 세금계산서에 대표이사가 이명박으로 되어 있다고. 이건 어떻게 찾아냈어요?

주진우 너무 잘 찾아내서 지금 고생하는 거 아냐.

정봉주 한 신문사가 한 박스가 넘는 자료를 별 의미 없다고 버렸어요. 그걸 넷이 앉아서 한 페이지씩 다 본 거야. 거기에서 자료가 다 나왔어요.

김어준 각하와 BBK가 4월 18일 이후에도 관련이 있다고 하면 김경준의 주가 조작에 각하가 연루되는 거죠. 그래서 4월 18일 이전에 모든 관계가 끊어진 것으로 해야 하는데 4월 18일 이후에도 관련이 있다는 물증이 자꾸 나오는 거야. 그 물증들을 정봉주 전 의원이 찾아서 관계가 있지 않았느냐고 주장했어.

김용민 그렇다면 이명박 후보도 주가 조작에 연관되어 있다?

김어준 책임을 물을 수 있는 거지. 어느 정도 연관이 있다고 우리가 확정할 수는 없어. 그렇지만 책임을 물을 수 있는 거지.

정봉주의 무죄는 곧 이명박의 유죄?

주진우 그러니까 정 의원이 주장하는 부분을 뒤집고 가야 한다고 생각해서 집요하게 정 의원을 공격합니다.

김용민 아킬레스건이다 이거지. 정봉주의 무죄는 곧 이명박의 유죄?

김어준 그건 너무 단순화한 것이고, 적어도 각하가 김경준의 주가 조작에 연루되었다고 주장할 근거가 나오는 거야. 세금계산서 같은 부분은 확실하잖아. 해명이 골 때려. '각하는 대표이사를 관뒀는데 거래처에 알리지 않았다'는 거야. 거래처에 알리지 않아서 각하를 대표로 세금계산서를 발행했다는 거야.

정봉주 법정에 신도리코 직원이 나왔어요. 그에게 "세금계산서에 이명박 대표이사로 찍혔는데 당신은 이 회사의 대표이사가 누구라고 생각하느냐?"고 했더니 쭈뼛쭈뼛하면서 "이명박 씨겠죠?" 그래요. "통상적으로 회사를 정리하면 세금계산서 끊을 때 대표이사가 바뀌나요?"라고 우리 변호사가 물어보니까 "통상적으로 다 바뀌죠"라고 말해요. 바빠서 안 바꿨나봐.

주진우 중요한 건 정치인이라는 겁니다. 서울시장에 뜻이 있었고 대통령에 뜻이 있었습니다. 그러면 이런 부분은 더 빨리 바꾸고 정리합니다.

김어준 이게 작은 회사가 아니잖아. 각하가 밑에 부리는 사람이 있잖아. 그럼 즉각 바꾸지. 게다가 다루는 돈이 1천만 원, 2천만 원이 아니란 말이야. 1백억 원, 2백억 원이야. 그런데 대표이사를 왜 안 바꿔? 명함을 발견했고, 세금계산서에 이름 나왔고, 화환 주문서에 적힌 이름이 나왔어. 그럼 이걸 상식적으로 믿어줘야잖아. 그런데 검찰은 '이명박 측이 아니라고 했기 때문에' 정 의원을 안 믿어줘. 마지막

이 김정술 변호사와 연관되어 있는 거야.

정봉주 마지막으로 넘어가기 전에 재미있는 이야기 하나 해줄게요. 법정에서 김윤정 씨라는 분이 증인 진술을 했어요. 이 분은 BBK, LKe 뱅크에서 근무했어요. 김윤정 씨한테 "이명박 후보와 김경준 씨가 결별한 내용을 알고 있느냐?"라고 했더니 "알고 있다"고 해요. 언제쯤 결별했냐고 물어보니까 정확한 시간은 잘 모르고 여름휴가 중에 회사에 나와서 두 사람이 결별하는 서류의 정리 작업을 했다는 거예요.

김용민 그럼 2001년 여름.

정봉주 여름이었지만 조금 일찍 여름휴가를 갔대요. 조금 이른 휴가라도 7월 초,

김어준 4월은 지나서지.

정봉주 결정적인 증언이 나온 거 아니에요? 그런데 이상하게 판사가 그걸 다시 정리해줘. "그게 아니고 싸우고 결별 선언을 하고 그다음에 정리를 한 거죠?"

주진우 1심이었습니까?

정봉주 2심이요.

주진우 2심은…….

오죽하면 변호사가 판사에게 덤볐을까

정봉주 박홍우 판사가 그렇게 날짜를 정리해주니까 변호사가 "왜 일정을 왜곡하느냐"면서 덤벼요. 변호사가 웬만하면 판사에게 안 덤비

잖아요. 김윤정 씨는 '이른 여름휴가'라고 했어요. 이른 여름휴가 때라면 아무리 일러도 7월 초 아니야?

주진우 대한민국에서 이른 여름휴가를 4월 전에 가는 회사는 BBK, LKe뱅크밖에 없습니다. 훌륭하십니다.

김어준 판사가 열이 많나보지. 마지막 네 번째가 제일 세요. 메모가 두 개 등장하는데, 세금 회피 지역에 세워진 BBK BVI BRITISH VIRGIN ISLAND가 한국에 있는 BBK를 소유하고 있다는 메모가 하나 등장하고요.

정봉주 BBK BVI는 김경준 소유입니다. 김경준의 BBK BVI는 BBK를 소유했기 때문에 BBK는 100퍼센트 김경준의 소유다.

김어준 검찰이 이 메모를 기준으로 해서 그렇게 발표하죠. 또 다른 메모에는 LKe뱅크가 BBK BVI 지분을 100퍼센트 가지고 있고, 이명박 당시 후보가 LKe뱅크를 소유하고 있다고 기재되어 있어요.

정봉주 LKe뱅크는 각하도 인정했듯이 김경준과 이명박이 50 대 50으로 소유하고 있던 회사예요.

김어준 그럼 논리적으로 이명박 후보가 LKe뱅크를 소유하고 있고, LKe뱅크가 BBK BVI를 100퍼센트 소유하고 있으니까 이명박 후보가 BBK를 소유하고 있는 거야.

정봉주 그렇죠. 최소한 50퍼센트 이상은 소유하고 있는 거죠.

김어준 다시 한 번 정리하자면 BBK BVI가 BBK를 소유하고 있어요. 그리고 LKe뱅크가 BBK BVI를 100퍼센트 소유하고 있어요. 그런데 이명박 후보가 LKe뱅크를 소유하고 있어. 고로 이명박 후보가 LKe

뱅크를 통해서, BBK BVI를 통해서 BBK를 소유하고 있는 거야.

주진우 그렇게 주장하셨어요?

정봉주 그렇게 주장했죠.

BBK가 각하 소유라는 김경준의 메모

김어준 이명박 후보가 BBK를 소유하고 있다는 메모가 있다는 거죠. 그런데 검찰에서는 BBK BVI가 BBK를 소유하고 있다는 것만 말하고 뒷부분은 발표하지 않았어. 그런데 이 메모를 정봉주 전 의원이 찾아서 '이 메모대로라면 이명박 후보가 BBK를 소유하고 있는 것'이라고 주장을 해. 김정술 변호사의 주장과 동일한 거지. 다만 김정술 변호사는 김경준의 말을 듣고 이야기를 한 것이고, 정봉주 의원은 이 메모를 찾아서 이 메모에 근거해서 주장을 했다고. 이 메모가 김경준이 쓴 메모라는 걸 확인했어요? 안 했어요?

정봉주 육안으로 보면 똑같습니다. 사설 감정원들에게 확인했어요.

김어준 이것까지도 허위사실 유포로 유죄를 선고했어요.

정봉주 제가 'BBK도 이명박이 소유한 것으로 보인다'라고 하면서 '검찰이 모든 자료를 샅샅이 수사했다고 하는데 내가 갖고 있는 이 자료를 못 찾았다면 부실수사였고, 만약 가지고 있으면서도 발표하지 않았으면 은폐한 것 아니냐'라고 검찰을 공격한 거예요.

김어준 각하가 BBK를 소유했다고 주장하는 건 김정술 변호사와 똑같은데 근거가 김경준의 발언이냐 김경준의 메모냐만 달라. 둘 중에

제가 'BBK도 이명박이 소유한 것으로 보인다'라고 하면서 '검찰이 모든 자료를 샅샅이 수사했다고 하는데 내가 갖고 있는 이 자료를 못 찾았다면 부실수사였고, 만약 가지고 있으면서도 발표하지 않았으면 은폐한 것 아니냐'라고 검찰을 공격한 거예요.

서 아무래도 김경준의 메모가 더 확실한 근거잖아. 옛날에 쓴 메모니까. 자필임을 확인했고. 이게 네 가지 건이에요. 전부 다 유죄를 받았다고. 이걸로 1년 징역형을 받은 거지.

김용민 그것보다 더 심한 게 앞으로 10년 동안 정치를 못하는,

김어준 피선거권이 박탈되는 거죠.

김용민 그럼 10년이 지나면 우리 정봉주 의원은 나이가 어떻게 되나?

김어준 63세가 됩니다. (푸하하)

김용민 미권스 13만? 무슨 의미가 있어. (킬킬킬)

주진우 정봉주 의원이 대법원에서 여권을 발행해주지 않아서 미국에 가지 못했는데, 우리가 미국에 가 있을 때 조중동에서 대대적으로 정 의원을 씹기 시작합니다. 나꼼수도 씹기 시작하죠. 〈중앙일보〉 권석천 차장은 '나꼼수, 의혹의 좌판을 펼치고 있다. 유죄 딱지가 붙어 있는 BBK 저격수 활동에 아무 거리낌 없는 듯한 그의 모습이 혼란스럽게 다가온다. 이는 대법원이 3년째 답을 내놓지 않아서 그렇다. 빨리 선고하라'고 써요. 〈조선일보〉는 미권스 회원들의 기자회견을 놓고 이렇게 말합니다. '법이 금지한 대법원 앞 시위를 기자회견 형식

을 빌어서 한 것이 아니냐는 시각이 있다. 이래서 육법 위에 떼법이 있다.' 이런 식으로 조중동이 기사를 계속 썼어요.

김어준 왜 대법원이 판결을 안 내리느냐고 묻기 시작한 거지. 사실 이게 집권 1년 차, 권력이 가장 서슬 퍼럴 때 내려진 판결이고 어차피 정치적인 재판이란 말이야. 정치적 공방 속에서 기소가 이뤄졌고. 그래서 저는 집권 1년 차에 유죄가 나온 것에 대해서는 뭐라고 하고 싶지 않아요. 2심도 집권 1년 차에 바로 나왔어요. 신속하게. 그때는 주진우 기자와 김정술 변호사 모두 졌어.

정봉주 형사는 유죄, 민사는 패소. 그렇게 계속 줄줄이 나왔었죠.

대법관이 외압에 흔들리겠는가

김어준 그런데 올해(2011년)에는 주진우 등이 전부 이겼단 말이지. 사실은 어차피 정치적 재판이었기 때문에, 법리적으로는 판사들이 잘 따지겠지만 상식적인 수준으로 보자면 무리가 있는 재판이니까, 부담스러우니까 '판결이 미뤄질 것이다'라고 추정해왔죠. 이명박 대통령이 현직 대통령이잖아. 그것도 부담스럽단 말이지. 대법원 판사 정도 되면 정치적 회오리에 휘말려들고 싶지 않잖아. 정치적 재판이 확실하니까. 그렇게 추정해왔고 그래서 계속 미뤄질 거라고 생각해왔는데 갑자기 판결일이 잡혔어요. 하지만 대법원 판사 정도 된다면 이런 외압에 흔들리지 않을 거라고 생각합니다.

주진우 이상훈 대법관은 훌륭해서 흔들리지 않으리라고 믿는데요.

김어준 믿기는 하지만 왜 갑자기 판결일이 잡혔을까?

정봉주 대법관들 사이에서 '연내에 정치 재판을 마무리 지어야 하는 거 아니냐'는 말이…….

김어준 저는 거기에 한 표를 걸어요.

정봉주 도대체 대법관이 그렇게 판단하게 하는 근거가 뭐냐. 아무래도 보수 언론에서 기사를 쓰고 칼럼을 쓰는 게 부담으로 느껴지지 않았느냐는 생각을 조심스럽게 해봅니다.

김어준 우리가 어제 녹음 끝나고 나서 갑자기 재판일이 잡혔다고 들었잖아요?

정봉주 사무장이 2시 22분 22초에 기호 2번으로 총선 예비 후보 등록을 했다고 문자를 보낸 16일에 알았어요. 5시 넘어서 변호사한테 느닷없이 전화가 온 거예요.

김어준 이야기를 듣자마자 저는 긍정적인 전망을 했어요. 대법원 판사 정도 되는 분들이 정치적 외압을 받아서 판결을 내리지는 않을 것이다. 기록은 영원히 남는 거거든요. 모두가 주목할 수밖에 없는 판결이고. 마지막 남은 BBK 재판이고. 각하 임기가 1년밖에 남지 않은 상황이고. 이 판결에 따라서는 10년간 피선거권 박탈에다가 징역을 살아야 해. 대법관이 이같이 민감한 재판을 하면서 자신의 양심을 걸고 판결을 내리지 외압에 의해서 판결을 내릴 리가 없다고 보는 거지. 이것이 오히려 여태까지 미뤄왔던 정치적 재판을 다 털고 총선과 대선을 맞이하겠다는 의지가 아니겠는가라고 이야기했어요. 하지만 의원님은 여러 가지 우려가 있는 거죠.

주진우 여의도에 있는 분들의 시각은 매우 비관적입니다.

김어준 정치권에서는 대단히 비관적이죠. 왜냐하면 이 시점에 재판이 잡힐 리가 없다고 생각하는 거죠.

주진우 서초동 대법원 주변에 있는 기자들이나 법조 관계자들도 비관적입니다.

'기획입국설'은 각하와 한나라당의 작품

김어준 0.000001퍼센트의 가능성만 있다고 보는 거지. 나는 그 정도는 아니라고 보고, 5 대 5라고 봐요. 영원히 기록으로 후배들에게 남기는 재판, 대단히 상징성이 큰 재판이기 때문에 대법관이 현명하게 판단할 거라고 보는 거지.

정봉주 BBK 문제를 가지고 김경준이 신명 씨와 신경화 씨를 고소했잖아요. 기획입국설과 관련해서.

김용민 '김경준 씨를 대선 즈음에 한국으로 불러서 BBK와 관련해 폭로하게 함으로써 이명박 후보에게 치명적인 타격을 입히려고 민주당이 꼼수를 부렸다'는 것이 기획입국설이죠.

김어준 민주당이 했다고 한나라당이 주장을 했지.

정봉주 홍준표 한나라당 의원이 김경준의 감방 동기인 신경화 씨가 쓴 편지라고 주장하는 편지를 흔들면서 기획입국설이 시작됐죠.

김어준 편지가 증거라면서.

주진우 지난번 홍준표 대표가 나꼼수에 나와서 한 말을 되새겨보면,

기획입국설을 기획했다고 판단할 수밖에 없어요.

김어준 BBK가 주가 조작을 할 때는 관계가 끊어졌고 그 이후로는 관계가 없다는 게 각하 쪽의 주장이고, 한나라당이 주장하는 것은 '민주당이 아무 상관이 없는 각하를 BBK에 엮으려고 김경준을 기획입국시켰다'는 거죠. 이 두 가지 이유로 정봉주 전 의원이 유죄를 받은 거지. 그런데 기획 입국의 증거라고 내세웠던 편지를 김경준의 감방 동기인 신경화 씨의 동생 신명 씨가 '내가 썼다'고 폭로했어요. 폭로를 하고 편지 조작을 제안한 것이 각하의 가족이며,

정봉주 각하의 손윗동서라고 구체적으로 말했어요.

김어준 동서이며 중간에 일을 직접 시킨 사람들은 따로 있고, 그 사람들이 이대로 쓰라고 해서 가져온 것을 보고 자기는 썼을 뿐이라고 말했어요.

정봉주 "A4 용지에 인쇄된 내용을 그대로 쓰라고 해서 쓴 것뿐이다."

김어준 '기획입국설 자체가 한나라당에서 기획된 것'이라는 이야기가 나왔어요.

김용민 신명 씨가 그랬죠.

김어준 이 편지를 김경준의 감방 동기인 신경화 씨가 써서 김경준에게 보내야 하잖아. 미국으로 가야 해. 미국으로 간 편지 봉투가 있어야 하잖아. 편지는 홍준표 의원이 흔들어야 하고. 그래서 신명 씨에게 빈 편지 봉투를 자기 집으로 보내라고 한 거야. 미국 주소가 찍히게. 그런데 신명 씨가 시키는 대로 하다가 가만히 생각해보니 이상하게 연루되는 것 같아서 그 편지 봉투를 미국 캘리포니아에 있는 그냥

아무 변호사(존 오 변호사) 사무실로 치과 브로셔를 넣어서 보냈어.

김용민 신명 씨가 치과 의사니까?

각하 퇴임 후 재조사할 일 많다

김어준 그렇지. 이건 한나라당도 모르고 검찰도 모르는 사실이에요. 오로지 신명 씨가 우리한테만 한 이야기거든. '이대로 쓰라'고 했던 원본도 가지고 있어요. 그러니까 다시 수사해야 할 사안이야. 각하 퇴임 후에 재조사해야 할 게 많아요.

정봉주 이걸 큰 축에서 간단히 정리하면 이명박 측이 당선되기 위해서 기획입국설 자체도 기획을 하고 조작을 한 거라고 추정할 만한 근거들과 증인들이 나오기 시작한 거지. 저쪽은 이명박을 당선시키기 위해서 온갖 조작을 했다는 근거와 증언이 나오기 시작했고, 우리는 허위사실 유포 및 명예훼손으로 걸린 거거든요. '상대 후보를 낙선시킬 목적으로'가 전제예요.

김어준 낙선시킬 목적으로 가짜 증거를 내놨다는 건데.

정봉주 거짓 증거가 아니라 제대로 된 증거를 우리가 내놨던 것이고.

김어준 지금 그걸 입증하는 과정 중에 있는 거란 말이야.

정봉주 저쪽은 당선하기 위해서 편지도 조작했다는 증언도 나오고.

주진우 이런 정황을 따져보면 정봉주 의원은 감옥에 가겠네요.

정봉주 왜 느닷없이? 이게 반전 깔때기야? (캴캴캴)

주진우 BBK 사건을 지켜보면 사법부에 법과 양심이 살아 있는지 의심스럽습니다. BBK를 수사했던 검사들은 지금 다 핵심 요직에 있습니다.

김어준 최종적으로 유죄냐, 일부 파기환송이냐 아니면 무죄냐를 대법관이 다음 주 목요일에 결정한단 말이지. 만약에 4건 모두 유죄로 확정되면 정봉주 전 의원은 아마도 하루 이틀 후, 크리스마스이브쯤 수감이 됩니다. 그리고 365일 동안 갇혀. 그럼 365일 동안 사식을 넣어주면 되는 거야. (푸하하)

김용민 메리크리스마스. 내년에.

정봉주 잔치 벌렸어?

김어준 그게 아니면 파기환송이 되어서 출마할 수 있겠죠. 저는 재판부 대법관의 양심을 믿습니다.

주진우 믿습니다. 재판부에서 현명한 판결을 내려주도록 기도하고 믿습니다. 지금까지 검찰이 많이 왜곡되고 굴곡된 역사를 보였을 때 법원에서 공평하게 균형을 잡아주는 사례가 있었습니다.

김어준 적어도 대법원에서는 잡아줬죠.

주진우 이번에도 현명한 판결을 내리리라고 믿습니다.

- 이상 호외 2호(2011년 12월 19일)

결국 감옥으로

감옥행 덕에 국제 깔때기 등극

김용민 이 호외는 정봉주 전 의원이 대법원으로부터 징역 1년 판결을 받은 하루 뒤인 12월 23일 금요일 낮 12시에 녹음된 것입니다.

김어준 정봉주 전 의원이 드디어 그토록 원하는 바를 이루었어요. 〈LA 타임스〉에 정봉주 전 의원 징역 1년 확정 기사가 났습니다.

주진우 드디어!

김어준 그토록 원하던 국제 깔때기 등극이 본인의 징역으로! (푸하하)

정봉주 제가 미국에 살아봐서 아는데 〈LA 타임스〉로 전화가 옵니다. "이거 오보 아니냐?" 미국 사람들은 이런 일로 정치인이 감옥 간다는 건 상상을 못해요. 제가 〈워싱턴 포스트〉와 기자회견을 하는데 "이것 때문에 감옥에 갈지도 모른다"고 했더니 자기가 "오바마는 테러리스트다. 마약 혐의가 있다"라고 써도 아무도 신경 쓰지 않는대요. 왜냐하면 국민이 다 검증을 하니까.

김어준 〈LA 타임스〉 기사에 법원의 판결 의도도 나와요. '이것은 이 팟캐스트 방송을 멈추게 하려는 어떤 압박이다.' 외신기자도 아는 거지.

정봉주 그 사람들도 〈나는 꼼수다〉에서 정봉주의 역할이 80퍼센트 이상 되는 걸, 정봉주가 빠지면 〈나는 꼼수다〉가 위험하다는 걸 알아. (칼칼칼)

김어준 우리가 3초 정도는 참아줄게.

주진우 〈LA 타임스〉뿐만 아니라 〈뉴욕 타임스〉를 비롯한 미국의 유수 언론, 그리고 교토통신, 〈아사히신문〉 등 일본 언론들도 정봉주 의원에 대한 기사를 준비하고 있습니다.

김어준 그러니까 정봉주 전 의원 한 명 정도 감옥으로 보내는 게 뭐 대단한 일일까 싶었겠지만 착각한 것이지. 외신을 보면.

주진우 나비효과를 느끼게 될 겁니다.

김어준 인터넷에 재미있는 글들이 많아요. '검찰은 즉각 나꼼수 팀을 구속해라. 구속해서 법무부는 3인이 한 방에서 나꼼수를 녹음할 수 있도록 인터넷과 장비를 제공해라.' 다 들어가라는 거야.

"내가 감옥에 눕는 순간 우주가 열린다"

정봉주 오늘 어떤 분이 내게 이런 문자를 보냈어. '정의구현사제단이 있는 명동성당으로 들어가서 대선까지 꼼수 방송을 하시면 어떨까요?' 일반인들이 보내주신 문자 속에 '나꼼수가 위기에 처했다. 저들의 탄압으로 위기에 처하기도 했지만, 정봉주 없는 꼼수는 의미가 없다'라는 분위기가 깔려 있는 거죠. 제가 걱정이 되는 건, 저는 들어가면 몸은 얽매여서 불편해도 마음은 편할 겁니다. 내공과 콘텐츠 그리고 철학적 사색이 있는 사람은 좁은 감옥에 눕는 순간 우주가 열립니다. 사색과 철학의 고민이 깊어지는 거죠.

주진우 사색 깔때기. (수줍수줍)

김어준 의원님이 들어가 있는 동안 미권스에 김용민 돼지가 공동 카페지기가 되기로 했어요. 아무래도 의원님이 없는 동안 우리하고 밀접하게,

주진우 저희들도 회원이 되기로 했습니다. 김어준, 주진우.

김어준 저는 제 카페 회원도 아니에요.

주진우 저희는 어디에 구속되는 게 싫습니다.

김어준 그리고 사식위원회를 설치하기로 했어요.

주진우 정봉주 의원이 회 좋아한다고 회 넣어주는 분이 있을지 모르는데 절대 안 됩니다. 못 넣습니다.

김용민 교도소에 사식을 못 넣어요?

주진우 사식을 넣을 수는 있는데 바깥에 있는 음식을 안으로 넣어줄 수는 없습니다.

김어준 오해하시는 분들이 많은데,

정봉주 영치금으로 그 안에 있는 물건을 살 수 있어요.

주진우 소시지, 오징어, 번데기…….

김어준 주로 몸에 안 좋은 것만 팔아요. 다른 위원회도 개설됩니다. 편지위원회.

주진우 편지위원회 산하에 이메일 분과위원회. 그 밑에는 엽서편찬위원회가 있습니다.

정봉주 왜 이렇게 치밀하게 준비했어? 내가 감옥 가는 걸 준비한 거야? (캴캴캴)

주진우 보내야지. (수줍수줍)

정봉주 엽서 무슨 위원회?

주진우 엽서편찬위원회

정봉주 그 위에?

주진우 이메일 분과위원회

정봉주 그 위에?

주진우 편지위원회. 편지위원회 산하에 다른 것도 넣을까요?

김어준 편지위원회 산하에 연애편지 분과. (푸하하)

주진우 그렇습니다. 연애편지 분과위원회가 있습니다. 연애편지는 하트 뿅뿅부터 시작하지 않으면 안 됩니다. (수줍수줍)

남성들, 수영복 사진 많이 보내시라

정봉주 너무 야하게 쓰시면 안 됩니다. 교도관이 다 검열하고 웃습니다.

김어준 영어 편지 분과위원회. 그리고 뭐 여러 가지 분과 만들 수 있어요.

주진우 아무튼 수영복 사진 분과위원회가 편지위원회 산하에 있으니까 많은 협조 바랍니다.

김어준 특히 남성분들 수영복 사진 많이 보내주세요.

정봉주 제가 지금 들어갈 교도소에 있는 교도관들이 흥분하고 있어요. 왜냐하면 젊은 교도관들 중에는 다시 시험을 준비해서 교정직 말고 다른 직으로 옮기고 싶어 하는 분들이 많은데 제일 걸림돌이 영어예요. 제가 1983년에 구속됐을 때 교도관들에게 영어를 가르쳤거든요. 그 소문이, 전설이 아직까지 남아 있는 거예요. '정봉주 들어오면 영어 공부는 제대로 한다.' 이제 전체 교도소 분위기가 밝아지지 않겠어요? 제가 해피 바이러스 아닙니까? 깔때기교가 되는 거죠. 이제 그 교도소 이름이 '봉주 교도소'로 바뀌는 겁니다.

주진우 그다음에 어떤 위원회 생각하세요?

김어준 작곡위원회도 있어요. 정봉주 의원에게 보내는 음악. 거기에 발라드 분과라든가.

정봉주 저 힙합 좋아해요.

김어준 힙합 분과라든가 뭐 이런 것도 생길 것이고, 다 앞으로 미권스 내에 개설될 것입니다.

정봉주 나꼼수엔 없잖아.

주진우 나꼼수엔 내놓기 부끄럽지.

김어준 우리 내부에 면회위원회를 둘 생각이에요. 면회위원회만 〈나는 꼼수다〉 팀이 관리하고, 다만 창구는 미권스를 통해서 열 계획입니다. 때로 일반 면회 신청하시는 분들을 모을 때가 있을 거예요. 초반에는 가족들도 봐야 하고…… 일주일에 한 번씩 정봉주 전 의원을 면회해서 '정봉주 뉴스'를 만들 생각이에요.

정봉주 아주 의미 있어. 바람직해. 그런데 내가 오래 있지 않을 건데 이렇게 여러 개 준비해도 되나?

주진우 가만있어요. 우리가 보내려고 생각을 많이 했어.

김어준 많은 분들이 추가 멤버를 영입하느냐 물어보시는데 정봉주 전 의원은 말이죠, 우리가 상상할 수 없을 정도로 경박해요. 이 경박함을 대체할 수 있는 사람이 없죠.

주진우 대체 불가능한 경박함입니다.

김어준 그래서 저희 셋이서 하고, 빈 의자에는 정봉주 전 의원 사진을 실물로 출력해서 세워놓고,

주진우 간혹 효과음으로 정봉주 의원의 웃음소리. 1번부터 10번까지 깔때기가 있지 않습니까? 회오리, 포기foggy, 소나기 깔때기 다 넣고.

"정봉주는 언과 행이 일치하는 정치인"

정봉주 어제 그저께 이틀 동안 도올 선생님이 전화하셔서, 생전 극찬을 안 하시는 분이거든요. 그런데 그 전에 제게 극찬을 한 번 했잖아요. '언과 행이 일치하는 유일한 정치인이다.'

주진우 그래서 대선 후보 나가라?

정봉주 대선 후보 나가라는 것은 사실 엄밀히 따지면 제가 해석한 건데,

김어준 도올 선생이 무슨 말을 어떻게 했어?

정봉주 "정봉주는 언과 행이 일치하는 실천력을 겸비한 정치인이다." 그래서 제가 "그럼 그게 바로 대권 후보에 적합한 품성 아닙니까?" 했더니 "허허허" 하며 끊었어요.

주진우 저희한테는 도올 선생이 '나가라고 했다'고 하셨다면서요?

정봉주 그건 오늘 상황을 예측한 거예요. 어제는 이렇게 말씀하셨어요. "그리스 희랍 신화를 보면 영웅은 원래 신이 인간의 모습을 한 것이다. 그래서 영웅을 반신반인이라고 한다. 정봉주 당신은 이 시대의 영웅이고 반신반인이다. 인간이기 때문에 죽을 수밖에 없다. 그러나 두려워하지 말라." 그래서 "반신반인은 뭘 해야 할까요?"라고 물었더니 "뭘 그런 걸 물어봐 대선이나 해야지." 그래서 제가 숙연해졌어요.

김어준 대선 끝나고 나오실 의원님. (푸하하)

주진우 저는 그 말에서 반인반마 생각나네요. 상체는 사람인데 하체는 여자를 쫓아다니는 말. (수줍수줍)

김어준 내가 보기엔 반인반깔. 밑에는 다리인데 위에는 깔때기야. (푸하하)

주진우 뭐? 반신반인? 반신반의하겠다.

김어준 위원회가 하나 더 있어요. 여기까지는 우리가 민간 차원에서 설치할 위원회고 민주당이 설치해야만 하는 위원회가 하나 있어.

정봉주 상당히 치밀하게 준비했어.

김어준 정봉주 사면위원회를 민주당에 두어야 해요.

주진우 정봉주 의원 구속에 대한 1차 책임은 민주당에 있다고 봅니다.

김어준 진짜 말도 안 되는 민주당이야.

김용민 1차가 아니라 근본적인 책임 아냐?

주진우 왜냐하면 정봉주 의원이 BBK 진상조사위원회 위원장으로서 당을 위해서 그리고 당의 후보를 위해서 그리고 국민을 위해서 저격수로 나섰습니다.

김어준 자기가 당선되려고 한 게 아니잖아.

주진우 저격수가 된 이유가 부귀영화를 누리려고 한 게 아니잖아요. 핍박과 박해를 받을 줄 알고도 저격수의 길을 갔는데, 방어도 못 해주고 아무것도 못 해주고 구속되는 걸 그냥 쳐다보고만 있어요.

김어준 자기가 당선되려고 BBK 파헤친 게 아니잖아요. 민주당을 대리해서 앞장섰고 결과적으로 유일하게 실형 선고를 받았습니다. 그걸 지켜주지 못해서 10년간 피선거권이 박탈되고, 정권이 1년밖에 안 남은 시점에 감옥에서 1년을 살게 한 정당이야.

주진우 이건 말도 안 되는 거죠. 선거법과 관련한 소송은 선거가 끝나면 다 정리가 됩니다. 야당과 여당이 말을 해서 다 정리를 합니다. 사면도 하고. 박영선 의원을 비롯한 다른 의원들은 기소도 못했고, 실형 판결을 받은 김현미 의원은 사면을 받아 다음 총선에 나오게 됐죠. 이게 정치상 도리이고 도의입니다. 그런데 각하가 오직 정봉주를 찍어서 감옥에 보내려고 이렇게 노력을 했고 민주당은 손 놓고 있었어요.

엿을 받아먹고 있는 민주당

김어준 정권 말기에 정치적 재판으로 감옥에 가는 자기 사람 하나 지키지 못하는 정당을 국민들이 어떻게 믿으라는 거야?

주진우 누가 그 당을 위해서 노력하고 누가 그 당을 위해서 싸워줍니까?

김어준 정봉주한테 유죄를 때린 건 민주당한테 유죄를 때린 거거든요. '너희들이 4년 전에 했던 거 유죄야'라고 했는데 그걸 받아먹고 있어, 이 바보들이.

김용민 그냥 엿을 받아먹었어요.

정봉주 그 와중에 저를 정말 구해내겠다고 열심히 뛰신 분들이 있어요. 그분들은 아마 나꼼수 동방박사들이 잘 파악을 할 거예요.

김어준 이 책임 추궁은 앞으로 계속할 거예요. 자기 정당을 대표해서 선거 기간 상대 후보에 대해 의혹을 제기한 사람을 못 지켜냈어. 이런 정당이 어떻게 일반 국민을 대리하고 지켜주겠다고 말할 수 있겠냐고. 안 믿어져.

주진우 한미 FTA 비준을 놓고 협상이나 하자고 말하고 있어요. 각하의 성은이 없으면 민주당은 가루처럼 흩어졌을 당이에요.

김어준 이제 민주통합당으로 재출발한다는 거 아니야? 그건 좋아. 그동안은 등신이었다고 쳐.

정봉주 등신이래.

주진우 어제까지 등신이었잖아요.

김용민 지난 8월 의원님이 들어갈 뻔했던 그날, '재판일이 다음 주 목요일이니까 나와라'는 통지서를 받은 날 민주당 고위층의 어떤 분이,

김어준 그냥 말해. 누구?

김용민 김진표 원내대표가 전화를 해서,

정봉주 그걸 왜 말을 못하고 벌벌 떨어.

김용민 다음 주에 자기가 행사를 하는데 나꼼수 팀이 와서 나꼼수를 해달라는 거야. 다음 주면 정 의원이 붙잡혀 들어가는데.

정봉주 전화가 왔어. 내가 "재판이 잡혔습니다" 했더니 "알았어요. 재판 잘돼야겠네. 변호사를 잘 써야 하는데 김앤장 어때?" 이런 소리를 쓱 지나가면서 하시더라고. 그때 제가 양재동에 있는 한 병원에서 전화를 받았어요. 저는 전화가 오면 소통의 정치인 아니에요? 이걸 바로 스피커폰으로 켜, 옆에 있는 사람 같이 들으라고. 다 소통을 해야지. 그런데 옆에 있던 사람도 흥분을 해서,

김어준 그렇지 않을 때도 있잖아요.

정봉주 뭐?

주진우 여성.

정봉주 아이 왜 이래~. 그때 김 대표 보좌관한테서 다시 전화가 온 거야. "대표님하고 말씀 나누신 걸로 알고 있습니다. 대표님이 이번에 북콘서트 하시는데……" 주절주절 블라블라 이야기를 해요. 그래서 내가 "나 재판 잡혀 있어요. 그거 모르시고 전화한 거예요?"라고 했더니 그걸 모르고 전화한 거야. 보좌관한테 재판 이야기를 하지 않고 "이야기가 다 됐으니 전화해봐라" 했던 것 같아요. "재판 잡혀 있

고요. 확정되면 감옥 갑니다. 그런데 북콘서트 이야기 하시는 게 맞아요?"라고 했더니 "미안합니다" 하고 끊어요.

김어준 민주당의 일반적인 정서가 그랬던 거야.

김용민 상징이네.

김어준 하필 그때 김진표 의원으로부터 전화가 왔을 뿐 다른 국회의원이었어도…….

주진우 김진표 의원한테 뭐라고 할 것도 없어요.

정봉주 그래요. 그분한테 뭐라고 할 것도 없어요. 아주 우연적인 사건이 열거되는 게 정치 같지만 아니에요. 프랑스 정치철학자가 이렇게 말했어요. '정치는 우연을 빙자한 필연의 연속이다'. 그러니까 그날 전화 온 게,

김어준 오늘 써먹으려고 준비해온 거지?

정봉주 이건 20년 동안 써먹은 거야. 전 이게 우연이라고 보지 않아요. 정말 두 분이 지적한 대로 이렇게 전투력이 없고 핏덩어리와 다름없는 당원들을 감싸려고 노력하지 않는 민주당은 감동을 못 줍니다. 감동의 실패는 나를 마지막으로 종결해야 합니다. 앞으로 국민들에게 감동을 주기 위해서는 민주통합당 지도부가 전투적으로 싸우는 사람으로 채워져야 해요.

민주통합당은 정봉주 책임져라

김어준 이제 민주통합당이 사람들에게 '우리를 믿어주세요. 제대로

싸울게요' 하려면 그 증표로 가장 먼저 정봉주를 사면시키기 위해서 최선을 다해야지.

주진우 그런데 이건희 식의 사면은 쉽지 않습니다.

정봉주 2007년 대선 지나고 난 다음에 각하께서 "대선과 관련된 고소고발 사건을 취하하겠다"고 말했어요.

주진우 분명히 그렇게 말했죠.

정봉주 그때 연루된 사건이 모두 종결됐고 사면복권이 다 끝났어요. 제 사건만 끌고 있을 이유가 없는 거예요.

주진우 BBK는 각하가 가장 거론되지 않기를 원하는 사건이긴 합니다.

김어준 사실 정봉주 의원이 〈나는 꼼수다〉 안 했으면 감옥 안 갔을 거예요.

정봉주 그쪽 사이드를 어제 만났거든요. 그쪽의 이야기가 정확합니다. "나꼼수 때문에 감옥 간다."

김어준 민주당은 정봉주를 사면시켜야 해. 이게 결국은 정치적 사건이고 판결이야. 그럼 정치인들이 구해내야지.

정봉주 그리고 나꼼수는 정봉주가 빠지면서 일대 위기에 처하는 거 아닙니까? (캴캴캴)

김어준 마지막이니까 봐준다. (푸하하)

정봉주 서울시장 선거 때 나꼼수의 역할이 결정적이었잖아요? 할 얘기는 분명히 해야죠. 저들이 그걸 본 거죠. '나꼼수 이대로 뒀다가는 2012년 총선과 대선 불 보듯 빤하다.' 민주당이 진짜 총선에서 이기려면 나꼼수에서 하는 이야기를 귀담아들어야 해요. 그런데 이제

내가 없으니 누구 이야기를 귀담아듣지? (캴캴캴)

주진우 감옥에서 사색이 깊어진다는 것은 구라고요.

김어준 내가 보기엔 사발이 늘어날 것 같아. (푸하하)

정봉주 기결수들은 자유롭게 돌아다닐 수 있어요. 이제 한 달만 지나면 꼼수교 교도들이 늘어나서 아침에 일어나면 '18대 대통령님 기침하셨습니까' 하면서 20명이 줄을 서는 거예요. (캴캴캴)

김어준 어쨌든 이건 마무리해야 해요. 새로 탄생하는 민주통합당이 일반 시민들이 원하는 대표를 뽑을 수 있는, 정당 대표를 일반인 70퍼센트가 뽑는 최초의 시도를 해요. 한 번도 그런 적이 없었어. 이게 혁명적인 과정이긴 한데, 그렇게 해서 탄생된 민주혁명당이,

정봉주 민주혁명당? 민주통합당.

김어준 민주통합당이 정봉주 하나 못 구해내면서 누구의 권리를 지켜줄 수 있다고 선언할 수는 없어.

주진우 그럼요.

정봉주 이런 제도 누가 예측하고 누가 이야기했었죠? 이미 제가 2~3월에 이야기해놓은 거예요. 제도는 제가 만들어놓고 저는 감옥에 갑니다.

김어준 꼭 자기가 만든 것처럼. (푸하하)

정봉주 나꼼수를 듣는 분들이 유권자 등록을 하는 순간 민주당은 김어준 총수가 이야기했듯이 민주혁명당이 됩니다. 혁명의 바람이 부는 거예요. 민주당의 혁명적 지도부를 누가 만드느냐? 나꼼수를 듣는 사람들이 대대적으로 유권자 등록을 해서 투표를 하면 국민들이

진짜 원하는 정당이 생기는 거예요.

김어준 정봉주를 구출해낼 것 같은 지도부를 선택해야 하는 거예요. 사실은 이런 생각도 해요. 정봉주를 구속시키고 그래서 〈나는 꼼수다〉를 와해시키고 그리고 그걸 본 사람들이 겁을 먹고, 이런 식의 시나리오를 그렸어. 절대 아니지. 그게 얼마나 큰 실수인지 알게 될 거예요.

주진우 정봉주 의원 구속하고 구속 전후에 저한테 매일 소환장 날아옵니다. 미국에서 돌아온 이후 매일 소환조사를 받으라는 전화가 옵니다.

진짜 싸움은 이제부터다

김어준 싸움이 시작됐거든요. 진짜 싸움은 이제 시작된 거라고.

주진우 이제 싸움이 시작됐습니다. 절대 쫄지 않습니다. 제가 금방 따라갈게요. 걱정 마세요.

정봉주 따라오지 마. 내가 다 지킬 테니까. 여기 계신 분들은 밖에서 싸우고, 나는 교도소에서 나꼼수교를 전파하고. 이제 교도소로 와서 방송을 해야 하는 상황이 생길 수도 있어요. 교도소장이 양심선언하고 '나는 나꼼수를 지키기 위해서 바리게이드를 치고 나꼼수 제작에 협조하겠다'고 선언하면서 대한민국에 혁명이 일어나는 거야.

김어준 조금이라도 그럴듯한 소리를 해야 듣고 있어주지. 정봉주 전 의원 구속 확정되면서 조중동은 물론이고 〈서울신문〉 〈세계일보〉

이제 싸움이 시작됐습니다. 절대 쫄지 않습니다. 제가 금방 따라갈게요. 걱정 마세요.

모두 사설을 썼어.

김용민 〈세계일보〉 사설 제목이 너무 재밌습니다. '속이 시원한 정봉주 강기갑 판결'.

김어준 그러면서 〈세계일보〉가 이렇게 썼어요. '한탕식 국회 폭력.' 그러니까 의원님이 사실도 아닌 내용을 가지고 상대 후보에 한탕식 폭력을 가했다는 거지. '한탕식 국회의 폭력이 더 이상 통용되면 안 된다. 국민 정서가 용납하지 않는다'는 게 사설의 내용이에요. 그럼 똑같은 말을 한 박근혜 전 대표는 어떻게 해? 박근혜 전 대표는 더 심한 이야기를 했어. "5천500명의 투자자한테 1천억 원대의 피해를 입혔고 피해본 사람들이 자살까지 했던 사건입니다. 매일 의혹이 터지고 매일 그게 아니라고 변명해야만 하는 후보"라고 당시 이명박 후보를 지칭했어요(2007년 8월 14일 한나라당 대선후보 선출을 위한 대구 경북 합동 연설회). 지금 동영상이 돌아다니고 있어. 그런데 왜 박근혜는 가만둬?

정봉주 미권스에서 박근혜 고발하자는 분위기도 일고 있죠.

김어준 이런 분위기대로라면 〈세계일보〉 〈서울신문〉 조중동이 박근혜 고발하고 잡아가라고 해야지.

주진우 우리 언론에 공정성이 어디 있어요?

김용민 지난 시간에 이상훈 대법관을 언급하지 않았습니까? '이상훈 대법관이 현명한 판단을 하리라 믿는다'고 했잖아요? 이를 놓고 〈조선일보〉는 '대법관의 실명을 거론하면서 압박했다'고 해요. 사법권 침해를 했다는 식이에요.

주진우 사법권 압박은 〈조선일보〉 특기입니다.

김어준 의원님 유죄 판결이 얼마나 어이가 없는지 정리하자고요. 사실 지난 호외2에서 이야기했지만 압축적으로 정리를 해볼게요. 1심에서 이렇게 얘기를 했어요. '피고가 제출한 소명자료로 볼 때 사실이라고 믿어 발언했다기보다 의미를 과장하고 확대한 것으로 보인다.' 이게 무슨 이야기냐면 정봉주 자신도 거짓말인 걸 알면서 떠들었다는 거예요.

주진우 그렇죠. 허위사실인 줄 알면서도 일부러 공격하려고 말했다는 겁니다.

정봉주 한 발 더 나아가서 이런 이야기까지 해요. '허위사실임을 알면서 모른 척하면서 이야기하는 것은 미필적 고의가 있다'고 이상한 표현을 써요.

김어준 '정봉주는 BBK와 각하가 아무런 연관이 없는 줄 다 알면서 선거인들에게 영향을 미치려고 거짓말을 했다'는 거야.

주진우 그걸 어떻게 알아?

우리 모두를 잡아가라

김어준 정봉주는 지금 이 순간도 BBK와 각하가 아주 밀접한 관계가 있다고 믿어 의심치 않아!

주진우 저도 믿어 의심치 않아요.

김어준 정봉주도 김용민도 주진우도 나도 믿어 의심치 않아!

정봉주 여론조사를 해보면 국민의 70퍼센트가 믿어요.

김어준 이 방송을 듣는 열라 많은 사람들이 관련이 있다는 걸 믿어 의심치 않아.

주진우 다 잡아가세요.

김어준 그런데 이게 원심대로 확정된 거예요. 정봉주는 지금까지 믿는다니까. 믿어서 계속 떠들어. 그러니 1심 판결문이 얼마나 말이 안 돼? '사실이라고 믿어서 발언을 했다기보다는'이라고? 정봉주의 마음을 어떻게 알아? 그러면서 제시한 근거가 두 가지예요. 각하가 아니라고 하고 한나라당이 아니라고 하는데 그걸 믿지 않는다는 거야. 그리고 검찰도 아니라고 했다는 거야. 이게 유죄를 때린 첫 번째 근거야.

주진우 첫 번째이면서 가장 결정적인 겁니다.

김어준 각하도 아니라고 하고 한나라당도 아니라고 하고 검찰도 아니라고 하니 유죄다? 그럼 재판을 왜 해?

주진우 검찰이 신이야?

김어준 두 번째 이유가 왜 김경준한테 가서 확인을 안 해봤냐는 거야. 김경준은 구속되어 있는데 어떻게 찾아가서 확인을 해? 이 두 가지가 유죄를 때린 근거예요. 아까 말했던 '본인도 아닌 줄 알면서 거짓말을 했다'며 감옥에 가서 1년 동안 징역을 살라는 거야.

정봉주를 기어코 유죄로 만든 세력들은 거꾸로 국민들이 내리는 유죄 판결이 얼마나 무서운지 알게 될 겁니다. 우선은 총선에서 그 결과가 어떤 건지 받게 될 거예요. 정봉주를 구속한 것이 청취자들을 투사로 만들고 있어요. 그걸 몰라. 휘발유를 들이붓고 있어. 땡큐야! 우리가 쫄 것 같지? 투지가 불타!

정봉주 한나라당과 이명박이 아니라고 했으면 믿을 것이지.

김어준 각하와 한나라당은 의혹의 당사자 일방이야. 어떻게 양쪽이 다투는데 한쪽만 절대 사실이라고 인정을 하고 판단을 내리냐고?

주진우 당신들의 법과 양심은 그렇습니까? 한나라당과 각하가 인정하는 것만이 사실이고.

김어준 BBK가 영원히 묻힐 것이냐? 어림없죠. 두고 보자고.

주진우 그걸 알면서도 법관이 그렇게 때려요?

김어준 이 판결은 영원히 기록돼. BBK가 각하 퇴임 이후에도 영원히 묻힐까? 그건 절대 아니야.

김용민 각하께서 BBK 판도라의 상자를 열었어.

정봉주 나는 큰일 안 했고 재판관이 큰일 한 거죠.

김어준 공식적으로 〈나는 꼼수다〉의 입장은 이거예요. 정봉주는 무죄예요. 정봉주를 기어코 유죄로 만들어낸 세력들은 정봉주를 가뒀으니까 나꼼수도 약화되고 나머지 멤버들도 각각의 방식으로 겁을 먹어 팔다리가 묶일 거라고 믿어요. 하지만 정봉주를 기어코 유죄로 만든 세력들은 거꾸로 국민들이 내리는 유죄 판결이 얼마나 무서운지 알게 될 겁니다. 우선은 총선에서 그 결과가 어떤 건지 받게 될 거예요. 정봉주를 구속한 것이 청취자들을 투사로 만들고 있어요. 그걸 몰라. 휘발유를 들이붓고 있어. 땡큐야! 우리가 쫄 것 같지? 투지가 불타!

주진우 저는 즐거워요.

각하의 앞날 생각하니 눈물이

김용민 저는 눈물이 났는데, 우리 각하의 앞날을 생각하니 눈물이 안 날 수가 없는 거야.

정봉주 어제 집에 갔더니 얼마나 추웠어요? 칼바람. 우리 집이 약간 공기 청정 지역이어서 더 추워. 거기에 저녁 6시부터 촛불을 들고 100여 명이 모였는데 나가서 인사를 해야 할 거 아니에요? 손이 꽁꽁 얼어서 여자들도 울고. 여자들 우는 건 어떻게 참겠는데 남자들이 펑펑 우는데…….

김어준 의원님이 떠나시기 전에 프로젝트 하나를,

정봉주 저를 걸었던 게 명예훼손 및 허위사실 유포예요. 지금 일반 SNS(social network service) 활동하는 분들 다 이걸로 거는 거예요. OECD(경제협력개발기구) 국가 중에서 명예훼손 및 허위사실 유포를 형사소송의 대상으로 삼는 나라는 거의 없어요. 통신과 소통 매체가 발달되어 있기 때문에 허위사실로 아무리 상대방에게 흠집을 내

여러분 저는 오늘 방송을 끝으로 구속됩니다. 하지만 구속되어 있는 정봉주가 살아 있는 시민들의 표현의 자유를 지켜줄 겁니다.

려고 해도 국민이 다 판단할 수 있어서 형사소송의 대상이 아닙니다. 허위사실 유포 및 명예훼손 소송은 헌법에 보장되어 있는 언론의 자유와 표현의 자유에 위배되는 거거든요. 이번 기회에 이 법을 개정해야 합니다. 그래서 국민과 언론이 하고 싶은 이야기를 마음껏 할 수 있는 환경을 만들어야 할 필요가 있어요. 제 구속 이후에 불 보듯이 빤하지 않습니까? 개인을 겁박할 거 아니에요? 이 법 개정이 신속하게 이뤄지도록 민주당이 나서야 합니다.

김어준 법 개정 운동도 할 거고, 그리고 또 하나. 표현의 자유, 진실을 말했다는 이유로 고통을 받게 될 가능성이 매우 높아진 국민들을 위한 기금을 민변(민주사회를 위한 변호사 모임)과 함께 마련하겠다고 했죠? 이건 의원님이 공식적으로 발표하시고 감옥 가세요.

정봉주 일반 국민이 마음껏 이야기할 수 있는, SNS를 통해서 마음껏 주장할 수 있는 입을 막으려고 하고 있습니다. 고소고발을 하고 벌금형을 때리고 겁박을 하면서 본인뿐만 아니라 주위 사람들에게까지 공포 분위기를 조성하고 있는데,

주진우 그 첫 단추가 정봉주 구속이라고 할 수 있죠.

정봉주 그렇죠. 구속은 충격파가 큽니다. 국민이 트라우마에 걸릴 위험성이 높지만 걱정하지 마십시오. 남아 있는 동방박사 F3가 '쫄지

마 프로젝트'를 시작할 계획입니다. '쫄지 마 프로젝트'가 본격적으로 엔진을 달았습니다. 저희가 민주사회를 위한 변호사 모임과 함께 '쫄지 마 프로젝트'를 시작합니다. 공익기금인데 '쫄지 마 기금' 모금도 시작합니다. 정봉주의 구속이 낳은 '사회적 성과'라고 볼 수 있습니다. 여러분 저는 오늘 방송을 끝으로 구속됩니다. 하지만 구속되어 있는 정봉주가 살아 있는 시민들의 표현의 자유를 지켜줄 겁니다.

주진우 추워서 어떻게 해.

정봉주 아니야. 이제 많이 따뜻해졌어.

주진우 그래도 1월 초 추위는…….

정봉주 우리 집사람이 아주 사랑스럽고 아름답고 강인하거든. 오늘 아침에 처음 울더라고. 가슴이 짠하더라고. 아내가 "절대 안 쫄게. 들어가서 당신만 잘해" 하길래 내가 이렇게 말했어. "들어가 있는 나는 몸은 고되지만 마음은 자유롭다. 밖에 있는 사람들은 몸은 자유롭지만 마음이 고될 것이다. 그 아픈 마음을 구속되어 있는 내가 다 달래줄 것이다."

주진우 검찰은 좀 쫄아야 합니다. 정권의 앞잡이가 되어서 칼을 휘두르는 판사들, 자기들한테 향할 사회적 저항에 쫄아야 합니다. 보십시오. 그렇게 잘 먹고 잘살았죠? 그렇게 승진하는 거 좋은 거 아닙니다. BBK 검사들, 좋은 자리에 가니까 좋냐? 한 번 보자고.

정봉주 나꼼수 청취자분들. 다시 만나는 그날까지 건강하십시오. 감옥에서 편지 깔때기, 사발통문 깔때기 대겠습니다.

정봉주, 반드시 구해낸다

김용민 저희가 방송하는 사이에 〈워싱턴 포스트〉에서도 정봉주 의원 소식이 전해졌습니다.

김어준 이게 얼마나 큰 반향이 있는 뉴스인지 판결을 내린 사람과 정봉주를 구속시키라고, 나꼼수를 죽이라고 한 세력들이 모르고 있어요.

정봉주 진짜 몰랐을까요?

김어준 그 반향의 크기를 모르는 거지. 그리고 반향이 사람들 마음에 어떤 불을 지를지 모르는 거야.

주진우 그분들은 〈조선일보〉만 보기 때문에 민심을 몰라요.

김용민 〈워싱턴 포스트〉 기사 제목이 이렇습니다. '표현의 자유 위축하는 한국'.

김어준 외신들이 우리 언론보다 훨씬 정확하다니까.

정봉주 이런 환경 같습니다. 1980년 광주항쟁이 일어났을 때 '광주에서 간첩들, 폭도들이 폭란을 일으키고 있다.' 이렇게 우리나라 언론이 보도했는데,

주진우 〈조선일보〉가 그렇게 썼었죠?

정봉주 그때 우리 학교 주변에 있는 성당에서 본, 외국인 신부님이 가져온 외국 신문 기사는 충격적이었습니다. 그때 터져 나오는 분노, 울분, 자괴감은 끝 모를 거였거든요. 지금 대한민국 언론이 30년 전 그 수준으로 회귀하고 있는 겁니다. 제가 없는 나꼼수는 불안하지만

그래도 세 분께 기대를 해보겠습니다.

주진우 뭐가 불안해요?

정봉주 콘텐츠도 없고 재미도 없고, 정책적 능력이 결여될 위험성이 있는…… 세 분에게 내가 드리고 싶은 말씀은 '제가 없더라도 쫄지 마'.

김어준 정리하죠. 정봉주가 구속되는 것은 사실 우리가 구속되는 것과 마찬가지예요. 정봉주 의원은 각하의 BBK 해명이 거짓말이라고 믿는 우리 모두를 대신해서 구속되는 거거든. 그러니까 정봉주가 구속되는 것은 우리가 구속되는 것과 똑같아. 우리가 그렇게 생각하고 있거든. 그래서 저는 정봉주를 형기가 끝나기 전에 꼭 구해내야겠습니다. 거짓말이 이기는 꼴을 더 이상 볼 수 없다. 반드시 구해내겠고 그때까지 절대로 쫄지 마!

- 이상 호외 3호(2011년 12월 27일)

도올 직설

“나꼼수는 이 시대의 정론이고 정통이고 주류다”

‘깨어 있는 자는 투표하라’

김어준 대한민국 최고의 석학이자 대한민국 최고의 이빨이십니다. 도올 선생님께서 오셨습니다. (박수)

주진우 저희가 박수로 초대 손님을 맞은 건 이번이 처음입니다. 존경심에서 머리를 숙이고 시작합니다.

김어준 도올 선생님께서 EBS에서 잘리셨습니다. 그래서 10월 26일 서울시장 보궐선거일에 1인 시위를 하셨어요.

주진우 그 글귀가 명문이었죠. ‘깨어 있는 자는 투표하라.’

김어준 환갑이 넘으신 철학자를 거리에 나가서 1인 시위를 하게 만든 우리 각하의 평화로운 시대. 선생님, 그런데 왜 잘리신 겁니까?

도올 뭐 잘리기나 했으면 좋겠는데…….

김어준 아차차. 선생님 저희는 그런 게 있습니다. ‘이빨 1’ ‘이빨 2’ ‘이빨 3' 하며 자기소개를 하거든요. 대한민국 최강의 이빨. 본인 소개 부탁드립니다.

도올 저는 그냥 돌대가리라서 도올이라고 부르는 사람이고, 그냥 뭐 워낙 머리가 나쁘니까 열심히 공부한 것밖에 없어요. EBS에서 너무 유치하게 언론을 가지고 나를 자꾸 쪼아대니까 어떻게 내가 할 수가 없네요.

김어준 왜 잘리신 거예요? 정확하게 이유를?

도올 잘린 게 아니고, 자기들이 나보고 방송을 하지 말라는 거거든.

김어준 그런 게 바로 잘린 거죠.

도올 '내주 화요일까지만 방송을 내겠다. 그것은 심의실의 결정이고 이 결정을 아무도 번복할 수 없다.' 최후통첩이라면서 나한테 이렇게 이야기를 해놓고 '이것은 사장도 따라야 하는 심의실의 결정이다'라고 그래. 어떻게 심의실에서 프로그램의 폐쇄까지 결정할 수 있느냐고 물었더니 "프로그램을 세팅하는 것은 심의실에서 할 수 없지만, 일단 세팅이 되어서 심의를 하게 되면 심의실 결정을 사장도 따라야 합니다. 그러니 도올 선생님도 유감스럽지만 따라주셔야겠습니다" 해서 내가 한 말이 "녹화를 떠놓은 건 24일까지인데, 당신들이 돈 써서 다 녹화하고 편집까지 해놓은 건데 나가야 할 거 아니냐?"라고 했더니 "도저히 돌이킬 수가 없습니다. 비관적입니다. 심의실에서 결정한 것은 최종적인 것입니다" 이래.

어떻게 이럴 수가 있는가. 심의를 하고 편집을 하는 권한을 가진 자기들이 다 편집해놓고…… EBS가 자기들의 입장을 밝힌다고 해놓은 거 보니까 '우리가 (편집에서) 자른 것은 다 비속적인 것이고, 이 사회에 해악적인 것이다'라고 해놓았어. 그건 자른 거거든요.

김어준 결론적으로 말해서 '심의실에서 문제 삼았기 때문에 자른 거다'라고 말하면서 자르게 된 이유로 든 내용들은 다 편집해서 방송에는 안 나갔다는 거죠?

도올 안 나갔죠.

김어준 급하게 핑계를 만들어낸 거네.

주진우 선생님의 강의 내용과 질을 가지고 누가 심의를 할 수 있죠?

김어준 그것도 그렇지만 자기들이 이미 심의를 해서 안 내보낸 내용 아니야? 나머지는 '이 정도면 괜찮다'고 해서 내보낸 거잖아요? 그런데 어느 날 갑자기 내용 때문에 안 된다고 하면서 관두라고 하는 거잖아요? 자기들이 심의해놓고.

정봉주 자기들이 심의를 해서 괜찮다고 한 내용을 내보내놓고.

김어준 문제가 되니까 이미 심의를 해서 안 내보낸 내용 때문에 선생님을 자른다는 거죠.

도올 그렇죠.

도올을 자른 진짜 이유

김어준 그럼 진짜 이유는 뭡니까?

도올 이 모든 것이 심의실의 문제일 수 없고, 나는 EBS 심의실을 비난하거나 그럴 의향이 없어요. 나는 EBS를 우리 국민의 방송으로서 지켜줘야 할, 지식인으로서 지켜줘야 할 의무가 있는 사람이에요.

주진우 지금까지도 그 이야기를 계속하시지 않았습니까?

도올 자기들이 심의했다는 내용을 우리 청취자들이 검토해보시면 그게 얼마나 좋은 내용인지 잘 아실 겁니다.

김어준 내용이 뭐죠?

김용민 몇 가지가 있어요. '미국은 자기네들이 먹을 수 없는 것을 다른 나라에 팔아먹는다.' 맞는 얘긴데?

주진우 다음 이야기는요?

김용민 '요새 우리나라도 종교의 폐해가 심하지요. 조금이 아니라 많이 있지요'라고 하셨죠.

주진우 네, 요즘 심해졌습니다. 그리고?

김용민 '펀드매니저, 정치인, 법관을 자칭하면서 이놈들이 나라를 팔아먹는다'는 막말을 했다고…… 펀드매니저는 원래 팔아먹는 거야. 그리고 '내가 언제 범죄를 저질렀어? 이 새끼야' 이렇게 이야기했다는 건데, 문제는 비속어를 사용했다는 겁니다.

김어준 그런데 이 내용들은 방송에 안 나갔다?

김용민 방송에 안 나가고 편집된 것들이고.

주진우 이게 다예요?

김용민 몇 가지가 더 있는데, '개구라'라는 표현을 썼다는 것. 비속어 사용.

주진우 김구라도 있는데 개구라가 뭐 어때서? 김구라는 어떻게 살아?

김어준 중요한 건 이게 방송에 안 나갔다는 거지.

도올 역시 김 총수가 정확하네.

김어준 이게 안 나갔는데 '왜 도올 선생을 방송하자고 모셔놓고 잘랐냐?' 이런 말이 나오니까 '우리는 이래서 잘랐습니다'라고 내놓은 거지. 왜냐하면 사람들이 EBS 방송을 다 보진 않았으니까. 마치 이런 내용들이 방송으로 나간 것처럼 말을 하는데, 안 나갔던 거지.

정봉주 선생님 덕분에 EBS 다시보기 폭주하겠네. 시청률 엄청나게 올라가겠네.

김어준 문제는 이게 핑계라는 거죠. 선생님을 방송 못하게 하는 진짜 이유가 있다는 거 아닙니까? EBS에서 선생님을 방송에 못 나가게 한다고 갑자기 투표하라고 1인 시위를 하신 건 아닐 텐데요?

도올 나는 이해가 안 되는 것이 계속 편집할 때마다 내가 양보를 해줬거든요. 국민들에게 내가 강의하는 건 〈중용〉이지 정치가 아니잖아. 내가 얘기하고자 하는 것은 거대 담론이고 추상적인 이야기예요. 그리고 나는 자잘한 것 가지고 신경 쓸 사람이 아니란 말이야. 그래서 입버릇 때문에 내뱉은 좀 험한 말도 잘라왔는데 왜 하필 선거 전날 "선생님 이제 못 나가시게 됐습니다." 이러느냐 이 말이에요.

김어준 선생님께서 뭔가 잘못을 하셨네요. 뭡니까?

정봉주 EBS 내부에 박원순 지지자가 있었던 거예요. 그래서 선생님을 자르는 게 쓰리쿠션 요법이에요. 선생님을 자르면 1인 시위를 할 것이다. 호연지기로 넓게 내다본 거죠. 그래서 그거 하나로 박원순 후보의 지지율을 확 올려준 거 아니에요?

주진우 저분은 원래 저렇게 깔때기를 대시는 분이니까 신경쓰지 마세요.

김어준 선생님 혹시 저희 방송 들어보셨습니까?

"나꼼수는 이 시대의 필연적 트렌드"

도올 "이것이 정말 선생님이 아셔야 할 우리 사회의 가장 위대한 진실입니다" 하고 제자가 나꼼수를 틀어주는데, 깔깔깔 웃고 그러는데 그 웃음 속에 굉장한 뭔가가 있더라고. 우리 사회에 꼭 있어야 할 목소리들이 그 웃음 속에 배어 있더라고. 우리 사회에 대한 비판을 명랑하고 건강하게 하는 젊은이들이 있다는 것에 이 사회를 살아가는 사상가로서 '이건 정말 위대하다' 생각했고, 가슴 속에선 박수를 치고 싶었죠. 그리고 그다음 날 원광대에서 강의를 하는데 교학대학이고 앞으로 성직자가 될 학생들이라서 나꼼수랑 거리가 먼 것 같더라고요. 그건 자연스러운 거죠. 그러나 "당신들도 앞으로 올바른 성직자가 되려면 이러한 시대의 흐름을 알아야 한다. 내 강의는 안 들어도 되니까 나꼼수는 꼭 들어라" 이런 말을 했는데 그게 어디로 올라갔나 보더라고.

정봉주 그게 대박 히트 쳤죠.

김어준 우리 때문에 잘리신 것 같은데?

도올 사실 여기 오기 전에는 잘 몰랐는데, 우리끼리 하는 거라면 나는 상당히 의미가 있다고 생각했는데, 홍준표도 왔었다는 소리를 듣고 오고 싶은 마음이 뚝 떨어졌어. 안 오려고 했는데 내 주변에 있

"당신들도 앞으로 올바른 성직자가 되려면 이러한 시대의 흐름을 알아야 한다. 내 강의는 안 들어도 되니까 나꼼수는 꼭 들어라" 이런 말을 했는데 그게 어디로 올라갔나 보더라고.

는 젊은이들이 "선생님이 이 시대를 사는 사상가라면 이런 사람들과 교류를 하셔야 합니다. 왜냐하면 우리 시대의 젊은이들은 이런 걸 듣고 있습니다. 이것은 우리 시대의 필연적 트렌드입니다. 이러한 물결을 만나심으로써 진정 선생님의 세계가 넓어지시는 겁니다. 이러한 매체에도 진지하게 참여하셔서 이들의 수준을 진지하게 높이고……."

정봉주 원조 깔때기. (칼칼칼)

도올 수준을 높이는 게 다가 아니고 내가 참여함으로써 내가 상징하는 우리 대한민국의 모든 지적 유산이 이러한 흐름과 결합될 수 있지 않겠습니까?

정봉주 선생님도 말씀하시면서 계속 멋쩍어서 웃으세요.

김어준 제가 보기엔 '이빨 0'이 탄생하셨어요. 도올 깔때기가 탄생하셨어. (푸하하)

주진우 시작부터 만만치 않으시네요. (수줍수줍)

김어준 본인이 생각하시기에 왜 잘리신 것 같아요? 뭔가 '이런 이유에서 잘렸구나' 하는 게 있기 때문에 길거리에 나가서 투표하라고 하신 거잖아요?

도올 국민의 사랑을 받고 있고, 시청률도 높고, 광고 잔뜩 붙고, 모든 사람들이 이렇게 사랑하는 프로그램을 폐지한다는 것은 엄청난 무리수예요. 게다가 공영방송 아닙니까? 공영방송은 자기들이 이렇게 마음대로 할 수가 없는 거란 말이죠. 국민의 돈으로 만드는 프로그램이고 그런 프로그램을 자기들이 마음대로 중단시켜서 통보해준다? 그런 무리수를 왜 두겠느냐? EBS에게 이런 무리수를 두도록 만드는 힘은 분명 EBS를 초월하면서 마음대로 갖고 놀 수 있는 힘이라는 거지. 내가 평생 당해본 적이 없는 일이거든.

정봉주 선생님 흥분하지 마시고 사실은 불충입니다. 그 위의 분을 각하로 생각하시는 것 같은데, 각하는 절대 그러실 분이 아닙니다. (캴캴캴)

도올 거기까지는 머리가 안 돌아가는데, 내가 하는 추상적인 담론까지 말 못하게 한다면 그건 고단수겠죠.

정봉주 참고로 여기 이 네 명은 이미 허위사실 유포 및 명예훼손으로 실형도 받고 벌금도 상당히 냈고, 이번 선거 기간 중에 두 번 고발되었고 지금도 집단으로 고발된 상태예요. 그렇기 때문에 여기서는 선생님이 생각하시는 걸 직설적으로 이야기하셔야 돼요. 누구다, 딱 찍어서 이야기하셔야 해요. 에둘러서 이야기하시면 전체적으로 수준이 낮아서 잘 못 알아듣습니다. 특히 제가 수준이 낮거든요.

김어준 말할 수 없죠. 특정 인물일 순 없고, 아마 팔들이 아니겠는가.

정봉주 팔? 각하의 팔들?

김어준 그나저나 '이렇게 사랑받는 프로를 자를 순 없다.' 도올 선생님

의 깔때기였습니다. (푸하하)

도올 그건 정말이라니까. 길거리에서 "〈중용〉 강의 잘 듣고 있습니다" 하며 정중하게 인사하는 사람을 하루에 수십 명씩 만나는 일은 평생 처음이거든요. 왜냐하면 이 강의 내용이 상당히 진지합니다. 나는 여기 오기 위해서 김어준의 책까지 다 읽고 왔는데 내 책 안 읽었죠? 〈중용, 인간의 맛〉도 안 읽었지? 그러니까 이게 문제라고.

김어준 선생님 그러면 〈닥치고 정치〉 다 읽고 오셨어요?

도올 다 읽고 왔지.

김어준 재밌죠?

도올 나로서는 이해하기가 어렵더라고. 왜냐하면 정치적 사례라든가 정치인들을 잘 모르기 때문에. 그 미세한 부분은 오히려 칸트 책 읽는 것보다 어렵더라고. 아주 뭐랄까, 현실에 대한 적나라한 분석들. 정직한 자기 목소리를 말하면서도 그 배경에 미묘한 내 영향이 있는 것 같더라고. 노자적 사고가 있는 것 같고.

주진우 놀자적 사고가 아니고요?

김어준 제가 자료를 찾아봤더니 4대강 사업을 비판하셨어요.

김용민 그게 컸어.

김어준 얼마 전에 각하께서 4대강 잔치를 하셨잖아요.

주진우 잔칫상 차리는 데만 50억 원 들었습니다.

"4대강 사업 찬성하는 자는 정신이 돈 사람"

김어준 그렇죠. 4대강 사업 비판하셨고, 대북정책 비판하셨고, 천안함 때도 한 마디 하셨죠. 제가 보기엔 이런 게 쌓여 있다가 4대강에 대해서 비판하신 걸로 훅 가신 게 아닐까…….

주진우 4대강 사업에 대해서 뭐라고 하셨습니까?

도올 나는 4대강에 대한 비판 때문에 나를 잘랐다고 직설적으로 말하고 싶지도 않아요. 왜냐하면 이 시대를 사는 사람으로서 4대강 사업을 비판적으로 바라보지 않는다면 그건 정신이 돈 사람 아니에요? 이건 도대체 국민의 혈세를 그렇게 강바닥에 퍼붓는다는 게 말이나 됩니까?

김어준 말도 안 되죠.

도올 우리가 살고 있는 시대가 고등한 시대란 말이죠. 고등한 경쟁을 해야 하고 국가 경쟁력을 높이기 위해서 해야 할 일들이, 절박한 과제들이 산적한 상황에서 왜 강바닥에 돈을 쏟아 붓느냐 이거예요. 그런 것들로 인해서 우리 국가는 도움을 받을 게 아무것도 없습니다.

김어준 저희는 '국가를 수익모델로 삼고 있다'고 이야기합니다.

도올 이 사업은 돈을 꺾아먹는, 돈을 낭비하는 사업이라는 거죠.

김어준 세금을 꺾아먹고 일부는 돈을 벌죠.

도올 지금 국민들이 피땀 흘려서 만든 국고를 털어서 낭비하는 거 아니에요? 새로운 재화의 창출이라든가 국가의 근원적인 자산 창출이 안 되는 낭비란 말이죠.

김용민 EBS 쪽에서 해명한 자료를 보면 선생님이 강의에서 '4대강'이란 말은 한 번도 쓴 적이 없다고 되어 있어요. 그러니까 4대강 발언을 해서 자른 건 아니라는 거죠. EBS에서 상당히 미워했고 그렇기 때문에 결국 선생님을…….

도올 〈중용〉 강의이기 때문에 4대강 발언을 할 수도 없고 할 필요도 없어요. 나라는 사람은 어떤 상황에서도, 예를 들면 노무현 시대에는 새만금 사업 반대 1인 시위 했잖아요.

김용민 라디오 방송에 나오셔서 욕을 하시는 바람에 라디오 본부장이 잘렸습니다.

김어준 뭐라고 하셨는데?

김용민 그때 '개자식'이라고 하셨나?

정봉주 그때 라디오 진행했었어요?

김용민 아니 그때 제가 출연자였는데, 당시 라디오 본부장이 PD를 옥상에 불러서 그랬대요. "야 니들이 날 이렇게 한 방에 훅 가게 하냐?"

김어준 4대강 사업 이야기는 평소에 하시는 거고.

정봉주 진짜 자른 이유가 뭐야?

김어준 〈중용, 인간의 맛〉 어떻게 내시게 됐나요?

도올 사람들이 강의를 잘 이해할 수 있도록 하기 위해서는 "선생님이 교재를 쓰셔서 그걸 같이 내는 게 좋습니다." 그러기에 책을 썼더니 자기들이 사전에 검열을 하겠다는 거예요.

주진우 선생님 책을요?

도올 응. 그걸 사전에 다 검열을 하겠다는 거야. 그래서 "그건 있을 수 없다. 내가 강의를 안 하면 안 했지."

김어준 지들이 뭐라고 선생님 책을 검열해요?

"도올, 죽어줘라"

도올 그럼 "교재라는 말을 쓰지 맙시다" 했지. 교재 없이 순수 강의만 한다고 했더니 그래도 책을 내자는 거예요. 왜냐하면 그걸 내면 자기들의 수입이 되니까. 그래서 그걸 교재로 하지 않고 앞에다 EBS 강의로 나간다는 말 한마디만 겉표지에 써놓고, 로고 사용료라고 해서 몇 퍼센트를 떼겠다는 거예요. "그럼 그렇게 해라" 했는데 그 책에는 현 정부에 대한 비판이 있죠. 왜냐하면 동양의 중용철학을 이야기한다면, 그 철학은 반드시 정치를 통해서 구현되어야 하거든요. 예를 들면 우리가 성인이 된다는 것은 성왕聖王이 된다는 거야. 그래서 내성외왕內聖外王의 이상을 항상 구현하기 위한 모든 것에 정치와 철학이 결부되어 있어. 그렇기 때문에 중용을 말할 때도 '우리는 중용의 정치를 못하고 있다' 하는 거야. 왜냐하면 중용이라는 것은 좌파와 우파의 중간을 말하는 게 아니거든. 그럼 회색분자밖에 안 되는 거 아니야? 좌파 우파가 아니라 집기양단執其兩端이라고 했거든. 그 양쪽 좌우의 가능한 극단을 다 품어서 자기화하는 가운데 우러나오는 것이 중中이다. 그래서 '그 가운데를 백성에게 써라.' 그런 이야기

좌파 우파가 아니라 집기양단執其兩端이라고 했거든. 그 양쪽 좌우의 가능한 극단을 다 품어서 자기화하는 가운데 우러나오는 것이 중中이다. 그래서 '그 가운데를 백성에게 써라.' 그런 이야기를 하는 거야.

를 하는 거야.

4대강 사업을 우리가 하더라도 그것보다 더 나은 대안이 있을 경우, 우리나라가 잘살기 위해서 모든 사태를 종합해서 정말 거시적으로 나아갈 대안을 제시해야 하지 않겠느냐. 그런 의미에서 4대강 사업은 난센스다. 이런 이야기를 했죠. 〈중용, 인간의 맛〉이라는 서문에 그런 이야기가 나가니까 기자 분들이나 여러분들이…… 〈한겨레〉에 있는 조현 기자도 그 전에 이미 '〈중용, 인간의 맛〉이라는 책은 도올이라는 사상가가 현 정부를 보는 시각'이라고 쫙 뽑아냈던 모양이에요. 그러다가 이런 이야기가 나가니까 결국은 4대강 팡파르도 울려야 하고 멋있게 피날레를 해야 하는 마당에 도올이 가시다. '네가 있으면 곤란하다. 죽어줘라.' 이거야. 지금 이 사회가 어디까지 갔냐면, 도올 같은 순결한 사상가를 '이 사회에 존속해서는 안 된다'라고 하는 강력한 세력이 있다는 거죠.

김어준 4대강 사업에 대해서 부정적이라는 이유만으로.

도올 그거 플러스 모든 것에 비판적이라는 거죠.

김어준 천안함 때도 세게 한 마디 하셨잖아요.

도올 당시 천안함 사건 조사 결과는 정말 믿을 수가 없는 것이었거든. 나와서 발뺌하고 다 거짓말이었잖아요. 설계도도 거짓 설계도를 갖다 내놓고. 당시 미국 장성도 나오고 위용을 갖춰서 얘기를 했잖아요. 나는 그런 게 가소롭게 보이더라고. 진실을 발표하는 거라면 왜 저렇게 겁을 주려고 하느냐. 직감적으로 뭐가 있다고 느꼈지. 진실성이 없더라고. 그런데 우리는 인식론적으로, 도저히 반증할 수 있는, 리서치를 할 수 있는 환경도 없고 자료도 없잖아요. 그럼 최소한 '하나님을 믿어라' '나는 하나님을 못 믿겠다' 이건 신앙의 자유에 속하는 거 아니에요? 민주사회에서.

그 당시에 하필 지방선거를 앞두고, 일주일 전이었죠? 봉은사 명진 스님이 와서 "거대 담론으로 불교 신도들을 한 번 휘저어주십시오" 그랬어. 봉은사 강연은 천안함과 관계가 없었던 거야. 내 인생이라는 것이 왜 하필 선거 전날 EBS가 날 찾아왔는지 그게 궁금하고, 왜 또 하필 봉은사에 가서 훌륭한 불교 강론을, 나는 순수하게 불교 강론을 하러 간 거예요. 내가 불교 이론을 공부해온 사람이니까. 그것도 명진 스님이 나를 초청하는데 내가 '갈까 말까' 하다가 "불교 강의라면 얼마든지 가겠습니다" 했지. 그런데 그 전전날인가 천안함 사건 발표가 나온 거예요. 그러니까 천안함 사건 발표가 나고 선거가 코앞인데 내가 천안함에 대해서 말을 안 할 수가 있어요? 이번 〈중용〉 강의도 한신대학교에서 정규 학점 강의를 한 겁니다.

김어준 그걸 찍어서 방송을 하는 거구나.

"사회가 교육을 방치하고 있다"

도올 그렇게 방송하는 거예요. 양면이 걸려 있는 거야. 한신대학교와의 약속도 있는 거고. 어디까지나 한신대학교 학생들과의 약속에 의해서 가는 거고.

학교에 가보니까 정말 문제가 많더라고. 학생들이 문제가 많은 게 아니라 우리 사회가 학생들을 정당하게 교육시키고 있지 않더라고. 그들에게 정당한 교육의 기회를 주고 있지 않다, 학생들이 방치되어 있다는 생각이 들었어요. 그런데 학생들은 어떤 면에서는 살아온 타성도 있고 나 같은 스타일을 접해보질 못한 거예요. 예를 들면 학생들이 앉아서 커피도 마시고 콜라도 마시면서 강의를 듣더라고. 나로서는 그거 용납이 안 되는 거예요. '나는 선생으로 의관을 정제하고 와서 너희들에게 강의하는데, 너희들은 나한테 상의 들으러 온 거지 커피 마시려고 왔냐? 그럼 커피를 마시고 들어오지. 들어오기 싫은 사람은 안 들어오면 되지. 여기서 이러는 게 사회까지 통하면 좋은데 사회에 나가면 안 통한다. 사제지간의 예의는 지키자.' 야단을 친단 말이야. 그럼 애들이 당황해요.

김어준 혼나본 적이 없으니까.

도올 혼나본 적이 없어. 내가 꼰대는 아니거든. 과거 유교적 꼰대는 아니야. 학생들과 강의를 통해 접촉하면서 매번 강의 내용을 써내라고 했어요. 자기가 들은 내용을 그 자리에서 나갈 때 써내면 내가 한 사람 한 사람에게 모두 코멘트를 해줬다고. 그게 사흘이 걸려. 그걸 해서 나눠주니까 애들이 변하더라고. 하나하나 개인 관리를 해주니까 학생들이 내 강의를 이해하고 사랑해.

〈중용〉이라는 게 상당히 어려운 주제를 다루고 있어서 학생들한테는 어려운 감이 있어요. 워낙 고차원의 경전이기 때문에. 인생의 쓴맛, 단맛 다 본 사람들은 〈중용〉이 쉽게 이해되지만, 아직 어린 사람들한테는 내 이야기만으로는 아무리 쉽게 설명해줘도 피부에 와닿는 게 적죠. 그럼에도 불구하고 학생들이 진지하게 들으면서 지금 분위기가 무르익어가는 판에, EBS에서 그만두라는 거야.

김어준 혹시 들으신 이야기는 없나요? 위에서 '이것' 때문에 그랬다, 라고 들으신 건 없나요?

도올 심의실에서 말하는 것은 비속어를 많이 쓴다는 것과 종교 편향적이라는 거예요. 그런데 종교계에서 이의를 제기한 일이 없거든. 신학대학에서 강의를 하는 것이고, 나는 지금 신학대학교 교수거든요. 그러니까 한국 교계에서 시비를 걸지 않아요.

김어준 혹시 '진짜 이유는 뭐다.' 이런 이야기 들으신 건 없어요?

도올 내 입으로 말할 수는 없어요. 내가 감만 잡히면 정확히 하겠는데 이런 것까지 쪼잔하게 이야기할 정도면 아주 저단수 아니면 아주 고단수예요. EBS가 무모하게 움직이도록 EBS를 움직이는 자가 누구인지 말할 수 없어요. 알지 못하니까.

김어준 도올 선생을 모르는 사람 아냐? 저 양반 누구야? 잘라! 그런 거 아냐?

EBS의 비겁한 변명

김어준 1인 시위를 하신 이유는 뭐예요?

도올 나한테 와서 내주 화요일로 이 강의를 끝내겠다고 말한 것이 팩트거든. 팩트라서 거기에 따라서 1인 시위를 했는데 일이 크게 벌어지자 그걸 발뺌하면서 EBS가 거짓말을 하는 거야. '우리는 그렇게 최종적인 것으로 하지 않고 상의하러 갔다' 이런 식으로.

김어준 비겁하다.

정봉주 다음 주에 강의 나갈 수 있다는 거예요?

김어준 아니지.

도올 'EBS 입장에서는 도올의 강의를 더는 도저히 방송할 수가 없다.' 이렇게 정확하게 태도를 표명하고 내 문제를 끝내달라는 거야. 그것도 아니고 '우리는 결정해서 통보한 바가 없다.' 결정해서 통보해 놓고는 이런 식으로 딴소리하지 말고. 내가 미쳤다고 1인 시위를 나가겠습니까? 정확한 통보를 받았기 때문에 분개해서 나간 건데. 자기들이 여태까지 나와 상의한 적이 한 번도 없어요. 일방적인 가위질도 그쪽에서 한 거고. 가위질하면서 나하고 상의하고 타협한 적이 없다고.

정봉주 만약에 EBS가 자기들은 최후통보를 한 적이 없기 때문에 '계속 강의하셔라. 강의를 자를 생각이 없었다'라면서 입장을 번복하면 어떻게 하실 거예요?

도올 그럼 난 행복하죠. 왜냐하면 내 목적은 정치적 투쟁이 아니고

〈중용〉의 진리를 우리 국민에게 전함으로써 우리 국민들이 더 중용적인 인간이 되고, 우리 사회가 더 중용적인 사회가 되고, 사회에서 중용적 정치가 이뤄지는 것입니다.

김어준 우리나라에서 〈중용〉을 강연하는 노사상가, 철학자를 누가 자르라고 한 거예요. EBS가 단독으로 결정할 수 없는 거죠. 그렇다면 도올을 누가 잘라? 수십 년간 얼마나 많은 강의를 했는데? 한 번도 그런 적이 없었잖아요.

주진우 고전 강의인데요. 이게 뭐 정치나 현실에 대해서 강의한 게 아니지 않습니까.

김어준 누군가 마음에 안 들었어요. 그건 저희가 찾겠습니다.

정봉주 이렇게 하시면 돼요. 여기 세 사람과 다르게 저는 국회의원 아닙니까?

김어준 전직. (푸하하)

정봉주 제 밑에 현역 국회의원들이 줄을 섰어요. 이건 국회 교과위에서 따져야 합니다. EBS 사장 불러오든지 해서 교과위에서 따져야 해요. 도올 선생님의 강의를 너희가 무슨 근거로 잘랐냐? 만약에 자르지 않았다고 하면 애당초 약속했던 36강까지 가라. 이게 이미 나꼼수에 나왔기 때문에 선생님이 36강까지 갈 가능성이 높아졌습니다. 제가 오늘 방송 끝나자마자 심야임에도 불구하고 제 휘하에 있는 교과위원들에게 전화하겠습니다. '국회 긴급소집해서 따져 물어라.'

도올 아이고 감사합니다.

정봉주 이런 능력자는 저밖에 없는 거예요. (캴캴캴)

도올 맞아 맞아.

"북한은 천안함 폭침시킬 능력 없다"

김어준 참고로 천안함 관련해서 말씀드리자면 좌초가 아니라 폭파된 거라고 했잖아요? 그런데 법정에서 좌초라는 증언이 나왔어요. 사건 당시 천안함 구조 작업을 했던 해경 501함정의 부함장 유모 경위가 자기가 전문으로 좌초라는 연락을 받았고, 구조를 하던 중에도 좌초라고 연락을 받았다고 법정에서 증언을 했어요. 더군다나 이 사람이 검찰 측 증인으로 나온 사람이에요. 그런데 검찰에서 '좌초라는 단어를 어떤 용어로 쓰느냐?' 물으니까 '암초에 걸리면 좌초라고 통상 사용한다'라고 말했어요. 당연하죠. 뜻이 다를 리가 있나. 이걸 해경의 부함장이 증언했어요. 이게 굉장히 큰 뉴스잖아요. 그럼 정상적이라면 지상파 3사에서 막 때려야 하잖아. 어뢰에 맞아 침몰했다고 했는데 그 구조 작업을 하던 해경 부함장이 자기는 좌초라고 해서 구하러 갔다고. 그런데 그게 보도가 안 된 거죠.

정봉주 3월 말 천안함 사건이 터진 3일 뒤쯤에 국회에서 대정부질의를 했잖아요? 당시 국방부장관이 답변을 하면서 북한 측 소행으로 몰고 가요. 그런데 쪽지가 들어옵니다. 청와대 안보수석의 쪽지입니다. '북한과 관련 없으니 북한과 연관시키지 말라'가 쪽지의 내용입니다. 이게 최초의 내용입니다. 그러다가 5월 20일, 선거 13일 남겨두고 발표할 때는 '북한 측 소행'이라고 발표해요. 국민들은 말을 바꾼 적이 없어요. 말은 저들이 바꾼 겁니다. 국민들은 듣기만 했어요.

도올 처음부터 이건 북한의 소행으로 볼 수 없다고 이야기했는데.

정봉주 그렇죠. 미 국무부가 이례적으로 3일 만에 신속하게 성명을 냈어요. 북한과 연관시키지 말라. 그래놓고 지들이(정부가) 말을 바꾼 겁니다.

도올 당시 별별 속설이 많았잖아요. 미국 함정하고 부딪혔을 거라는 얘기도 있었고 좌초라는 얘기도 있었고 옛날에 있던 뭔가가 터진 거라는 이야기도 있었고. 북한을 두둔하려는 게 아니라 북한이 기술적으로 그처럼 고도의 공격을 할 수 있는 능력도 안 됐고 또 그럴 만한 상황도 아니었다고 봐요.

주진우 저도 그 당시에 해군 담당자한테 북한 측이 와서 공격을 하고 아무런 증거도 남기지 않고 돌아갔을 확률은 주꾸미가 먹물로 배를 터트렸을 확률보다 더 낮다고 들었어요.

김어준 그래서 크라켄이 나오는 거야. 신화에 나오는 바다괴물 크라켄이 했다고도 했고, UFO설도 있었고요. 〈조선일보〉는 인간어뢰설.

정봉주 해군 함장 같은 사람들이 "서해는 수심도 얕고 탁해서 쏘나 시스템이 작동되지 않기 때문에 잠수함이 들어올 수 없다"고 말해도 보도가 안 돼요.

주진우 거기는 꽃게잡이 배 있지 않습니까? 잠수함과 잠수정이 제일 두려워하는 게 그물입니다. 그물이 스크루에 걸리면 빼도 박도 못합니다.

"MB, 북한을 중국 권역으로 버렸다"

도올 김대중 정권과 노무현 정권까지의 10년 정도는 대체적으로 역사의 방향을 남북관계를 통해서 우리들의 문제를 해결하고 북미관계를 통해서 풀어가려는 의지가 있었어요. 그런 것이 무르익어가는 판에 이런 식으로 끊임없이 몰아가니까 결국은 북한이 중국에 밀착하거든요. 북한을 정상적인 세계의 멤버로 만들 수 있는 직전까지 온 상황에서 현 정권이 이렇게 봉쇄하는 바람에 그동안 북한에 투자한 것이 모두 도루묵이 되었잖아요. 모조리 중국한테 빼앗기고 북한은 더 이상 남한에 의존하지 않는 나라가 되어가는 거예요. 현 정권이 들어와서 가장 잘못한 것이 남북관계를 경색시킴으로써 북한을 중국 권역으로 버렸다는 거죠.

주진우 각하께서 북한을 포기하고 미국한테 빨대 꽂아서 거기에 붙어서 살겠다는 거 아니에요.

도올 우리나라를 미국의 한 주로 생각하는 건지…… 〈중용〉을 강의하는 이유는 중국이 21세기 새로운 문명의 주축으로 다시 떠오르기 때문이에요. 중국은 자기들이 예부터 갖고 있는 인문적 정신을 포장해서 세계를 새롭게 리드하려고 할 거예요. 공산주의가 서구 이념의 말기적인 것이기 때문에 도저히 유지가 안 되거든요. 그것을 대체할 수 있는 중국 고유의 문명을 가지고 들어간다고 할 때, 그들이 내놓을 수 있는 이념 구조가 〈중용〉 같은 거라고요. 따라서 한국 젊은이들이 중국이 가지고 있는 내용을 선취해야 한다는 거야. 그렇게 해서 우리 젊은이들이 공부하고 중국 사람들보다 앞서서 중국 문명의 장점을 가지고 우리 역사를 이끌어 나가야 해요. 그것은 분명히 남북화해라고 하는 대전제 하에서만 의미를 갖는 거예요. 그래야만 우리가 세계에서 리더십을 가질 수 있어요.

김어준 혹시 각하를 만나보셨습니까?

도올 각하는 내가 많이 만났죠. 대통령 되기 전에.

주진우 어떤 사람입니까?

도올 나를 만나면 아주 진지하게 자기가 어려서부터 고생한 이야기를,

김어준 고정 레퍼토리.

도올 그런 이야기를 하면서 자신을 이해시키려고 하죠. 당시에 내가 청계천 복원을 도와주는 입장이었으니까. 나는 청계천은 패러다임을 바꾸는 일이라고 생각했어요. 하지만 그가 대통령이 된 데는 청계천보다 버스 중앙차선의 영향이 더 컸어요. 그건 비교적 성공을 한 거예요. 모델이 브라질의 쿠리치바라는 도시였거든요.

정봉주 그렇죠. 환경생태도시.

도올 내가 쿠리치바까지 가봤어요. 청계천은 CBS에서도 이야기했지만, 포석정을 좀 크게 해놓은 수준이야. 이건 전혀 본질적인 패러다임이 아닌데, 버스 중앙차선제는 인정할 만해.

김어준 취임한 이후에도 만나보셨나요?

도올 나는 지난 대선 당시 〈문화일보〉 기자를 했잖아요. 많은 사람들이 엄숙한 철학자로만 아는데 이 사회의 가장 일선에서 체험을 하

고 싶어 하는 사람이에요.

김어준 선생님을 엄숙한 철학자로만 아는 사람은 없어요. (푸하하)

정봉주 선생님 이야기를 들으면 '우리와 과가 비슷하다'라는 생각이 들어요. (캴캴캴)

도올 그렇게 되길 바랍니다. 일선에서 체험을 해서 얻지 않은 진리는 진리의 자격이 없어. 모든 철학적인 명제를 말한다면 그건 내 인생에서 한 번 체험을 해야만 내 진리이지.

"도올은 왜 나를 씹어?"

정봉주 최고의 철학자는 각하네. 각하는 해봐서 다 아는데. '내가 해봐서 아는데.'

도올 뭐든지 다 해봤다고 하지. 기자로 있으면서 이명박 대통령에 대해 나쁜 감정은 없었어요. 그런데 그가 이상하게 "왜 도올은 나를 씹어?" 항상 이렇게 이야기한다는 거예요.

정봉주 결이 안 맞았던 거예요. 불편하게 보인 거죠.

도올 그게 이해가 안 갔던 거지.

김어준 자기 비위를 안 맞춰주니까.

도올 나는 '저 사람 이상한 사람이다' 생각했지. 왜냐하면 나는 그 사람에 대해서 기자 정신을 발휘해서 여러 가지 측면에서 긍정적으로 써줄 건 써주고 했는데, 내가 공식적으로 한 번도 씹은 적이 없거든요. 그런데 나보고 자기를 씹고 다닌다고. 그런 이야기를 누가 했는지, 도대체 이해가 안 가고.

김어준 그때부터 '도올은 나를 좋아하지 않는다'고 생각하고 있었구나.

도올 그때부터 엉뚱한 이야기를 하는 거예요.

정봉주 그 시점이 언제인지 기억나세요?

김용민 기자로 활동하셨을 때가 2003년, 2004년.

정봉주 선생님께서 강연을 하면서 노무현 대통령을 극찬하신 적이 있어요.

도올 극찬이 아니라 탄핵 정국 때 MBC 프로그램을 하면서 대통령으로 뽑은 사람을 탄핵하는 건 옳지 않다고 했죠. 그러면서 노무현 대통령을 두둔하는 발언을 했죠.

정봉주 그런 게 머릿속에 강하게 박혀 있는 거예요. 한 번 빈정 상하면 오래가요.

김어준 선생님은 누군가의 비위를 맞춰주는 스타일이 아니잖아요. 각하는 자기 비위를 맞춰주지 않으면 자기를 좋아하지 않는다고 생각하는 사람이거든요.

도올 그럴 수도 있는데, EBS를 그만둬라, 이건 지금도 이해가 안 가거든요.

정봉주 각하의 형인 이상득 씨가 버시바우에게 이런 이야기를 했다고 위키리크스에 나왔잖아요. "우리 대통령은 뼛속까지 친미·친일이다." 선생님의 철학 세계하고 완전히 대립되는 것 같아요.

도올 상당히 정확한 분석이에요.

정봉주 제가 정확한 분석을 잘합니다. (캴캴캴)

도올 아주 훌륭합니다. 19세기 말까지 우리 역사는 중국 문명권에서 진행되어왔고, 20세기부터 우리는 개화와 일본 식민지를 거치고, 일본 식민지 이후에는 기본적으로는 미국 식민지가 된 거죠. 식민지 형태만 바뀐 거지. 왜냐하면 우리가 독립을 못했거든요. 해방은 됐어도 독립은 못했습니다. 해방은 풀려났다는 거고, 독립이라는 것은 홀로 선다는 건데 허리가 잘린 사람이 어떻게 홀로 섭니까? 그러니까 우리는 지금 홀로 서 있는 건 아니에요. 묶였던 사슬로부터 풀려난 거죠. 8·15 해방이라는 말은 써도 8·15 독립이라는 말은 절대 못 씁니다. 아직도 우리가 독립해야 할 과제 사항을 안고 있고,

김어준 선생님, 저희가 각하 헌정 방송이거든요. 각하 이야기로 돌아가야 하는데, 아까 공식적인 자리에서 한 번도 욕을 한 적이 없다고 하셨잖아요?

도올 욕을? 내가 각하를 왜 욕해?

김어준 사적인 자리에서도 없었나요?

도올 사적인 자리에서도 없죠. 나는 그 사람이 이야기를 하면 상당히 진지하고 재미있게 들어줬는데. 나는 그 당시에 편견이 없었어요.

김어준 그건 대통령 취임하기 전이고. 취임한 이후에는?

도올 취임한 후에는 이 사람이 엄한 짓을 하니까.

"어떻게 우리가 단군 이래 이런 지도자를 가질 수 있느냐"

정봉주 그러면 선생님이 잘못하셨네. 자기를 비판하는 사람을 누가 좋아해요?

도올 대통령이라는 자리는 비판을 받을수록 좋은 거예요. 대통령으로서 국민에게 바른 비전을 제시해야지. 4대강 사업 같은 걸 고집해서 모든 것을 희생하고 올인한다면 그게 어떻게 대통령입니까?

정봉주 그러니까 각하죠. 대통령이 아니라 각하.

도올 그래도 현재 대통령 아니야? 어떻게 우리나라가 단군 이래 이런 지도자를 가질 수 있느냐!

주진우 4대강 사업 말고 또 어떤 걸 보고 '이 사람 안 되겠다' 생각하셨어요?

도올 결정적인 것은 남북문제에 대처하는 방식이죠. 관광객을 죽이는 등 북한도 잘못이 있죠. 하지만 개성공단 같은 문제도 대처해나가는 걸 보니까 '이 사람 큰일 났다' 싶더라고. 이 사람이 비즈니스맨이면 돈 버는 일만 하면 돼지 왜 이념적으로 가려고 하느냐. 왜 우파를 대변하는 인간이 되려고 하느냐. 이런 바보가 있나. 어떤 실용주의적 발상을 한다 해도 4대강 사업을 하지는 않죠. 돈을 제대로 투자할 줄 아는 놈이라면, 30조 원이나 되는 국민의 돈을 강바닥에 퍼붓는 미친놈이 어딨어. 그건 영원히 안 되는 거지. 그건 한 치도 허용될 수 없는 거야. 그런데 난 EBS에서 이 말은 안 했거든.

어떤 실용주의적 발상을 한다 해도 4대강 사업을 하지는 않죠. 돈을 제대로 투자할 줄 아는 놈이라면, 30조 원이나 되는 국민의 돈을 강바닥에 퍼붓는 미친놈이 어딨어. 그건 영원히 안 되는 거지.

김어준 북한 문제랑 4대강 사업 보시면서 결론을 내리셨군요.

도올 4대강 전에 대운하라는 걸 만든다고 했어요. 3면이 바다로 둘러싸인 나라에서 부산으로 오는 물류를 바닷길 따라 인천으로 보내면 되지 왜 운하를 만든다는 거야. 몇 천 톤이나 되는 배를 산으로 띄우고, 보를 막아서 위험하게 떨어뜨린다니…… 그래서 나는 어떤 면에서 국민을 호도하기 위한 선거 전략으로 보았지. 선거 기간에 차 안에 앉아서 말했어. '지금 도대체 어떻게 이 문제를 풀어가려고 하느냐. 당신 도대체 대운하라는 게 말이 되는 거냐? 이거 상식적으로 말이 안 되는 거다. 이게 선거 전략으로는 가능할지 모르나 대통령 되고 난 다음에 이걸 하면 안 된다.'

김용민 선생님이 대통령한테?

도올 후보 시절에 취재 차원에서 그렇게 이야기했지. 그랬더니 "대통령 되고 나면 절대 이건 내가 하지 않아요. 민자사업으로 붙여서 경쟁을 한 다음에 할까 말까, 자신이 있는가 없는가를 검토하게 할 거요. 나는 그들이 싸우는 것을 보면서 심사할 입장에 있을 사람이오. 걱정 마요 김 교수." 이랬다니까.

김용민 그때 노무현 대통령이 "어떤 정신 나간 사람이 거기에 참여하겠느냐. 어느 정신 나간 기업이 참여를 하겠느냐"라고 했죠.

도올　나는 그 사람의 말을 순진하게 믿었지. '그래도 상식이 있는 사람이구나' 생각을 했지.

주진우　상식이 있다고 생각하셨어요?

도올　상식에서 벗어나는 행동을 하면서 거대 정치 담론을 다 도배하겠다는 사람이 어떻게 이 땅의 지도자일 수 있어. 단군 이래 이런 적이 없었어. 연산군도 궁정에서나 지랄 발광을 한 거야. 이렇게 전 국토가 파헤쳐지고…… 연산군이 아무리 폐위를 당했지만 우리나라에 폐를 끼친 사람은 아니야. 그런데 이건 너무 심했잖아.

김용민　선생님, 하나만 여쭙고 싶은데, 역대 군주 중에서 각하하고 비슷한 형태의 군주가 있다면 누구를 예로 드시겠어요?

주진우　제가 아프리카에 가서 열심히 찾아봤는데 못 찾고 왔습니다.

"뭔가 야비함의 도수가……"

도올　한국 역사를 중국 고전만큼 깊게 공부하지 못한 탓에 비교할 만한 사람을 찾기는 어려울 것 같아.

주진우　왜요?

도올　뭔가 야비함의 도수가…… 과거 군주는 어떠한 경우에도 사서오경四書五經을 다 떼고 왕이 된 사람이기 때문에 그런 식으로 야비하지는 않거든. 조선조 왕들은 밑에 있는 삼사三司의 공론을 거치지 않으면 독재를 못해요. 자기 맘대로 움직이지 못해. 조선조 왕들

박근혜 씨는 여당의 근원적인 개혁을 주도하지 않으면 암담하죠. 정치라는 것은 투쟁이야. 역사에 발언을 하지 않는 자는 절대 그 역사를 리드해나갈 역량을 가질 수 없습니다.

은 사실 힘없는 왕들이에요. 우리가 생각하는 의미에서 그렇게 영향력을 끼칠 수 있는 사람들이 아니었고, 정도전이 만들려고 했던 국가 자체도 재상 중심의 국가였거든요. 그래서 이방원이 그를 죽여버린 거거든요. 그러한 우리의 역사를 볼 적에 지금 군주제를 타도하고 민주제가 됐다고 하지만, 민주제도라는 것 자체가 항상 잘못된 비전을 가진 사람들을 왕으로 모시는 제도고, 대통령이 과거의 어떤 왕도 가지지 못했던 막강한 권력을 가질 뿐만 아니라, 국회를 장악하게 되면 거의 행정, 사법, 입법부를 말아먹는 지위에 오르기 때문에 미국의 민주주의가 인류 역사상 최대의 독재 형태를 가져올 수 있다는 게 나의 소신이에요.

김어준 각하를 통해서 입증되는 건가요?

도올 글쎄, 각하를 통해서 입증이 되는지 어떤지는 몰라도 우리 민족의 비극이죠.

김어준 박원순 시장의 당선에는 어떤 의미가 있다고 생각하십니까?

도올 박원순 시장이 전부터 병살타가 될 거라고 했어요.

정봉주 박근혜, 나경원 둘 다 잡았다는 거죠?

도올 응. 박근혜 씨는 여당의 근원적인 개혁을 주도하지 않으면 암담하죠. 그렇게 몸을 사리고 공주처럼 앉아 있는다고 해서 문제가 해결되는 게 아니거든요. 자기 아버지를 배우라는 거야. 정확한 비전을 가지고 독재를 하든지 뭘 하든지 자기 소신을 밝혀야 합니다. 한나라당 대선 후보 경선 때 대전에서 내가 둘 다 인터뷰했거든요. 그때 박근혜 씨가 한 강연이 멋졌어요. '교육을 통해서 보이지 않는 것을 가지고 앞으로 정치를 만들어야지, 이명박 후보처럼 유치한 정치를 하지 않겠다'라고 일장 연설을 했어요. 그럼 이명박 정권 하에서 최소한 4대강 사업 같은 것은 국민을 위해서 '상식에 어긋나는 무리한 짓이다'라고 자기 입장을 밝혀왔더라면 대통령은 보장되죠.

정치라는 것은 투쟁이야. 역사에 발언을 하지 않는 자는 절대 그 역사를 리드해나갈 역량을 가질 수 없습니다. 그렇게 몸만 도사리고 앉아서, 그렇게 눈치만 보는 것은…… '자연히 나에게 굴러오게 되어 있다' 이런 방식으로 여태까지 살아왔기 때문에 지금 당 개혁을 주도할 수 있는 카리스마가 과연 그 여자에게 있느냐. 이건 내가 얘기해주고 싶은 진심 어린 충고요. 안철수 씨가 정말 위대한 사람이라면 자기가 주도한다는 생각보다는 거대한 비전을 위해서, 야권의 통합을 위해서 자기를 죽이며 희생해야지. 법정 스님이 말한 게 무소유거든. 인간이 뭘 소유하겠어. 여기에 있는 분들 다 무소유 아냐? 그러니까 나꼼수도 하는 거 아냐?

정봉주 선생님 말씀이 제 이야기 하는 것 같아서 귀에 쏙쏙 들어옵니다. (칼칼칼)

도올 안철수 씨도 무소유, 무아의 정신을 가지고 대통합을 위한 자기 포지션을 정확히 규정하고 가야 할 거라고 봐요. 박원순 시장님은 한강 르네상스 안 하겠다고 했으니까 진짜 하면 안 됩니다. 경인운하, 이건 말도 안 되는 겁니다. 도대체 인천공항 갈 때마다 열이 나는 겁니다. 왜 미친 짓을 하냔 말이야. 보도블록은 왜 그렇게 자주 갈아. 보도블록은 작은 것일수록, 작은 시멘트로 할수록 유리합니다. 이걸 비싼 큰 돌로 하면 다 깨져요. 내가 살고 있는 창경궁 쪽은 고궁이라고 해서 몇 번이나 가는지 몰라. 만날 갈아. 왜 그 짓을 하는 거야? 그뿐이야? 방음벽을 아름답게 만들어놓고 왜 담쟁이를 심어? 색색으로 아름답게 해놓고 전부 담쟁이를 심어놓는 거야. 구청 직원들이 전부 담쟁이를 심어.

주진우 담쟁이 회사하고도 대가성…….

"지렁이는 최소한 구라는 안 치잖아"

도올 담쟁이는 우리 전통적 가치관에서는 저주의 대상이야. 흉갓집을 만드는 거고 전혀 아름답지도 않고 모든 벽을 파손시킵니다. 모든 건조물에 왜 담쟁이를 쳤느냐? 아이비로 덮인 건물이 있는 미국의 명문 아이비스쿨이 좋아 보인다 이거야. 황당한 거죠. 이렇게 아름다운 도시를 이렇게 천박하게 만들고, 그걸 가지고 만날 사기를 쳐요.

물리적·가시적인 것이 아닌, 우리의 삶이 가치 있게 되어간다는 느낌을 가질 수 있도록 세부적인 신경을 쓰는 시정을 펼치라는 거죠. 높은 건조물을 세우고 한강에다 카페를 만드는 이런 미친 짓을

진보 진영 사람들이 정권을 잡으면 그 진보에 해당되는 가치를 충실하게 구현하지 않고 엉뚱한 타협을 하면서 진보의 길을 망쳐왔기 때문에 국민 마음속에서 진보라고 하면, 사기당한 느낌이 드는 거예요. 우리는 정말 소리 없이 진보적 가치를 실천적으로 보여줘야 합니다.

왜 하느냐고. 광화문에도 왜 이상한 광장을 만들어놓고 거기에다가 왜 세종대왕을 앉혀놓느냔 말이에요. 서울 시정이 잘못되어 있거든요. 이런 걸 바로잡아주길 바라고.

사실 미국이라는 문명은 맨해튼이란 도시의 특성 하나로 한 세기를 버틴 거예요. 미국의 애리조나나 텍사스를 미국이라고 생각하지 않잖아요. 미국이라고 하면 맨해튼이에요. 맨해튼이라는 한 도시의 모습이 한 세기 미국의 이미지를 가져간 겁니다. 그러면 서울이라는 도시 하나 가지고 우리 대한민국 전체의 역사를 말할 수 있다는 거죠. 그러려면 도시가 뭔가 진정 창의적이어야 하지, 한강에다 이상한 카페나 만들고 다리나 만들고, 둥둥둥둥 뭐 배가 들어오고 뭘 깎고, 양화대교가 어쩌고 지랄을 하고, 심심하면 보도블록 까뒤집고, 담쟁이 심고…….

박원순 시장의 앞으로가 문제죠. 진보 진영 사람들이 정권을 잡으면 그 진보에 해당되는 가치를 충실하게 구현하지 않고 엉뚱한 타협을 하면서 진보의 길을 망쳐왔기 때문에 국민 마음속에서 진보라고 하면, 사기당한 느낌이 드는 거예요. 우리는 정말 소리 없이 진보적 가치를 실천적으로 보여줘야 합니다. 지렁이는 말을 하지 않습니다. 자기가 가는 거지. 행行만 있는 거지. 그런데 인간이란 동물은 자기가 어딜 가면 간다고 말을 해. 그리고 그리로 안 가. 인간이 지렁이만 못한 거야. 지렁이는 말로 구라는 안 치잖아.

김어준 너무 재밌었습니다. 시간이 벌써 새벽이에요.

도올 나는 나꼼수가 이 시대의 정말 선진적인, 가장 정직한 하나의 흐름을 대변한다고 생각하고 이 자리에 와서 젊은이들에게 정말 꿈을 심어주고 싶었는데, 너무 사람을 비난한 게 아닌가, 이런 생각이 드네요.

정봉주 20~30대가 좋아합니다. 좋은 콘셉트예요.

주진우 꿈을 주셨어요.

도올 내가 주는 꿈은, 제발 내 책을 읽어라.

(푸하하, 캴캴캴, 킬킬킬, 수줍수줍)

김어준 혹시 저희 네 명에게 해주실 말씀 있으세요?

도올 어려운 시대에 이 방송이 팟캐스트 세계 1위라는 것은 우리 민족이 진리를 갈구한다는, 암흑 속에서 빛을 찾아간다는 그런 의미거든. 늘 웃음소리가 들리는 명랑한 방송이고, 진실로 우리의 귀를 기울이게 하는 이 시대의 진실이 담긴 방송이다. 앞으로 제2, 제3, 제4의 김용옥이 나올 겁니다. 그런 사람들을, 가끔 깊이 있는 사람들을 초청하셔서 코믹하게 문제를 풀어감으로써 젊은이들이 정치적 풍자뿐만 아니라 진정한 사상적 풍자, 삶의 풍자, 이런 것을 느끼면서 좀 격조가 높아지는 젊은이들이 되도록 여러분들께서 잘 이끌어주시길 바라겠습니다.

김어준 선생님 마지막 질문인데요, 여기에 나오신 이유가 뭡니까?

도올 내가 여기 나온 이유는 많은 사람들이 나꼼수를 마치 변방인 것처럼, 이 사회의 비주류로서 세태를 비판하는 그저 흥미거리 정도로 알면 큰일이다. 이러한 언론이야말로 이 시대의 정론이고 정통이고 주류다. 그걸 내가 평생 쌓아온 학문의 세계를 가지고 인증하고 싶어서 여기에 나온 거요.

- 이상 26회(2011년 10월 29일 방송)